EUROPA-FACHBUCHREIHE
für wirtschaftliche Bildung

# Berufliche Kompetenz

## Fachrichtung Gastronomie und Nahrung

Berufsfachschule Saarland

Fachstufe II

Lernaufgaben

VERLAG EUROPA-LEHRMITTEL
Nourney, Vollmer GmbH & Co. KG
Düsselberger Straße 23
42781 Haan-Gruiten
Europa-Nr.: 27845

Autorinnen und Autoren: s. Angaben auf S. 3 (unten)

Allgemeiner Hinweis:
Bilder ohne Bildquellenangabe wurden von den Autoren erstellt und bearbeitet.

Die in diesem Produkt gemachten Angaben zu Betrieben/Unternehmen (Namen, Personen, Mitarbeitern, Kunden, ...) sind i. d. R. fiktiv, d. h. sie stehen in keinem Zusammenhang mit real existierenden Betrieben/Unternehmen in der dargestellten oder ähnlicher Form.

Dies gilt auch für alle an diesen Betrieben/Unternehmen beteiligten Personen.
Die in diesem Werk aufgeführten Internetadressen sind auf dem Stand zum Zeitpunkt des Drucks. Die ständige Aktualität kann von Seiten der Autorinnen und Autoren nicht gewährleistet werden. Für den Inhalt externer Seiten sind die Betreiber verantwortlich.

1. Auflage 2024

Druck 5 4 3 2 1

Alle Drucke derselben Auflage sind parallel einsetzbar, da sie bis auf die Korrektur von Druckfehlern identisch sind.

ISBN 978-3-7585-2784-5

Alle Rechte vorbehalten. Das Werk ist urheberrechtlich geschützt. Jede Verwertung außerhalb der gesetzlich geregelten Fälle muss vom Verlag schriftlich genehmigt werden.

© 2024 by Verlag Europa-Lehrmittel, Nourney, Vollmer GmbH & Co. KG, 42781 Haan-Gruiten
www.europa-lehrmittel.de

Layout, Grafik, Satz: Punkt für Punkt GmbH · Mediendesign, 40549 Düsseldorf
Umschlagkonzept: Tiff.any GmbH, 10999 Berlin
Umschlagfoto: © chanidapa – Adobe Systems Software Ireland Companies, Adobe Stock, Dublin, Irland
Druck: TOTEM.COM.PL, 88-100 Inowrocław, Poland

 Ein Anfang

Liebe Schülerinnen und Schüler,

in der Berufsfachschule werdet ihr auf die Berufswelt vorbereitet. Damit ihr eure Kompetenzen bestmöglich einbringen und weiterentwickeln könnt, sind diese Lernaufgaben entstanden. Mithilfe der Lernaufgaben könnt ihr selbstständig und mit anderen Arbeitsaufträgen mit Berufsbezug bearbeiten. So könnt ihr Problemstellungen aus der beruflichen Praxis lösen und viel Neues lernen. Dabei wünschen wir euch viel Spaß und Erfolg.

Liebe Lehrerinnen und Lehrer,

die Lernaufgaben beziehen sich auf den Lehrplan für die Berufsfachschule im Fach Berufliche Kompetenz.
Jede Lernaufgabe beginnt mit einer Hinführung und Bekanntgabe der Ziele sowie einer realitätsnahen beruflichen, gesellschaftlichen oder persönlichen Problemstellung. Im Prozess der vollständigen Handlung erschließen sich die Schülerinnen und Schüler die Problemstellung. Sie erarbeiten sich neue fachliche Inhalte, verabreden Arbeitspläne, kontrollieren und bewerten ihre Ergebnisse sowie ihren Arbeitsprozess. Bei der Erstellung der Lernaufgaben wurde auf Methodenvielfalt geachtet. In den Lernaufgaben bieten Übungen den Schülerinnen und Schülern die Möglichkeit, den Lernstoff zu wiederholen und erworbene Lernstrategien anzuwenden.

Wir wünschen viel Erfolg und Freude bei der Arbeit mit den Lernaufgaben und hoffen, dass diese bereichernde Begleiter für Lehrende und Lernende werden. Vorschläge und Hinweise, die der Verbesserung und Weiterentwicklung der Lernaufgaben dienen, nehmen wir dankend entgegen.

Sommer 2021

**Didaktisches Konzept und Layout**

Staatliches Landesseminar: Bärbel Binkle, Alexander Krier, Dr. Markus Lösch

**Autorinnen und Autoren**

**Nicole Verdirk (TG BBZ 2 Saarbrücken)**, Julia Falk (TG BBZ 2 Saarbrücken), Eva Klütsch (TG BBZ 2 Saarbrücken), Nicole Walter (TG BBZ 2 Saarbrücken)

**Redaktion**

Verena Paul (TG BBZ Dillingen)

BERUFSFACHSCHULE – FACHSTUFE II

# BERUFLICHE KOMPETENZ

Fachrichtung Gastronomie und Nahrung

## LERNFELD 6

Erbringung berufstypischer Dienstleistungen

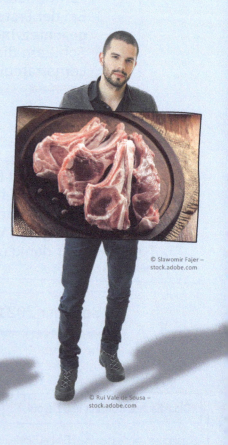

## Lernaufgaben

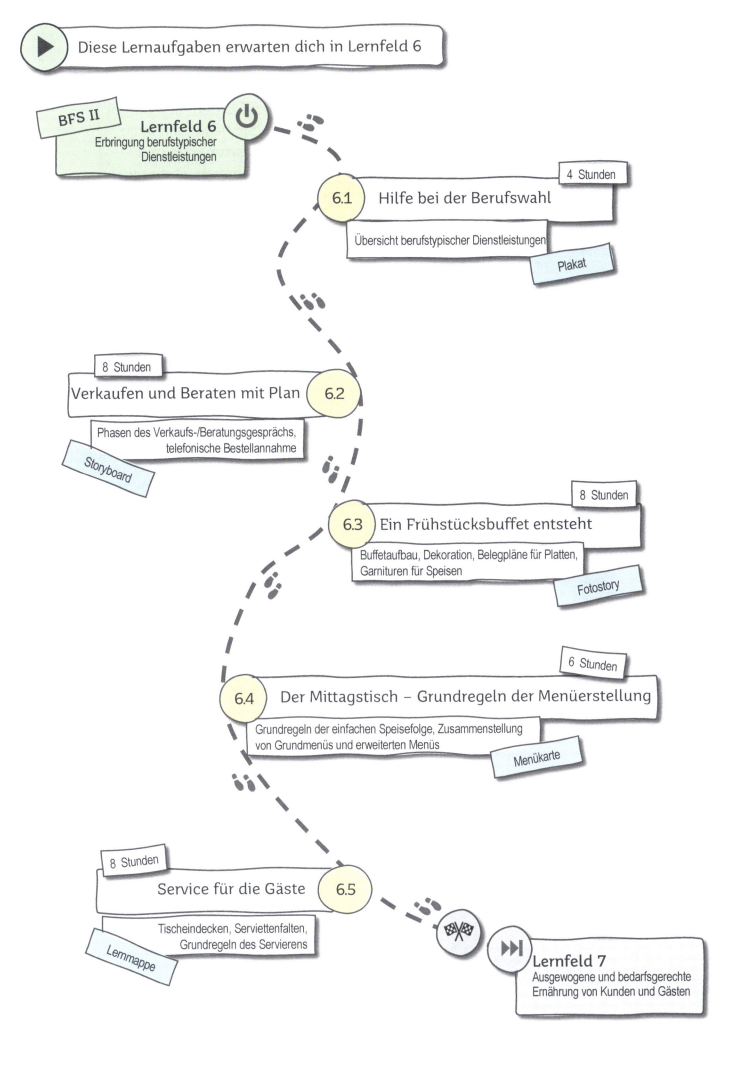

▶ Annalena, Celina und Mika

Annalena, Celina und Mika werden dich durch die Lernaufgaben führen. Sie besuchen auch die Berufsfachschule für Gastronomie und Nahrung. Gemeinsam mit ihnen wirst du nun auch in der BFS II viel Neues lernen.

Celina absolvierte ihr Praktikum in der Bäckerei und arbeitete dabei immer selbstständiger. Vor allem im Umgang mit den verschiedenen Kundentypen wurde Celina dann auch immer sicherer. Sie kann sich sehr gut vorstellen, nach ihrem Abschluss im Nahrungsbereich eine Ausbildung zu beginnen.

Annalena entschied sich für ein Praktikum im Restaurant und stellte sehr schnell fest, dass diese Entscheidung für sie genau richtig war. Je mehr Aufgaben Annalena selbstständig durchführen durfte, desto mehr Freude machten ihr der Umgang mit den Gästen und die kreativen Arbeiten im Service.

Mika fühlte sich in der Fleischerei von Anfang an sehr wohl und auch nach einem Jahr Praktikum hat sich dieser Berufswunsch bestätigt. Die vielen Möglichkeiten Fleischwaren herzustellen, zu behandeln und hier eigene Ideen zu verwirklichen, faszinieren Mika sehr.

© imphilip – stock.adobe.com

© Krakenimages.com – stock.adobe.com

© Rui Vale de Sousa – stock.adobe.com

In den Lernaufgaben löst du berufliche Aufgabenstellungen nach dem Prinzip der „vollständigen Handlung".

Um Arbeitsaufträge und Problemstellungen zu bewältigen, brauchst du <u>Strategien</u>! Damit du dir gute Strategien aneignen kannst, bearbeitest du Lernaufgaben nach dem Prinzip der „<u>vollständigen Handlung</u>".
Idealerweise geht man so in einem Beruf vor, um Arbeitsaufträge erfolgreich zu meistern.
Wenn du in den kommenden Lernfeldern immer wieder Aufträge und Problemstellungen in der vollständigen Handlung löst, wirst du viele Kompetenzen aufbauen.
Du wirst schließlich viel **wissen** und viel **können**! Aber du musst auch **wollen**!

⇨ Dann bist du kompetent und kannst herausfordernde Probleme lösen.

Was willst du?
Ich nehme mir im Lernfeld 6 „Erbringung berufstypischer Dienstleistungen" das Folgende vor:

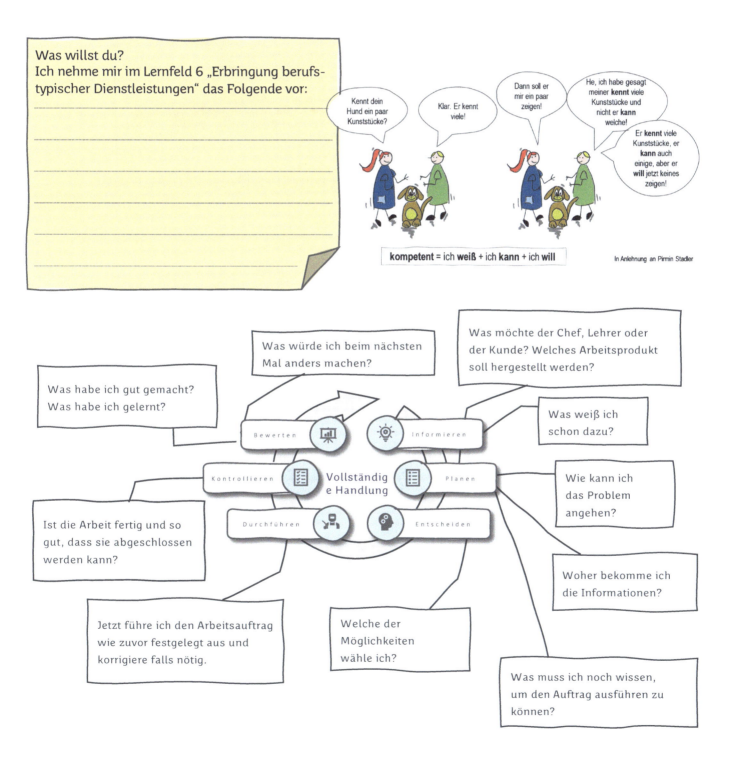

## Lernfeld 6: Erbringung berufstypischer Dienstleistungen

Lernaufgabe 6.1: Hilfe bei der Berufswahl

Ich kann …

- anlassbezogene, berufstypische Dienstleistungen beschreiben.
- berufstypische Dienstleistungen den Berufsfeldern zuordnen.
- berufstypische Dienstleistungen übersichtlich darstellen.

Zeitumfang: 4 Unterrichtsstunden

# 6.1 Hilfe bei der Berufswahl — Informieren

Mika, Annalena und Celina konnten im letzten Jahr viel Erfahrung in ihren Praktikumsbetrieben sammeln.

Annalenas Freundin Sherry steht vor ihrem Schulabschluss und weiß nicht, was sie danach machen soll. Sie bittet die drei Freunde um Hilfe. Sherry will wissen, wie es in den einzelnen Berufen, in denen die drei ihre Praktika gemacht haben, im Alltag zugeht.

Celina berichtet vom Bedienen der Kunden und dem sorgfältigen Verpacken von Kuchen und Brötchen in der Bäckerei. Annalena erzählt vom Servieren der Speisen im Restaurant und Mika berichtet vom Verkauf, aber auch vom Vor- und Zubereiten von Speisen in der Fleischerei.

Sherry findet das alles sehr spannend, könnte sich aber nicht spontan für einen Bereich entscheiden und bittet die drei daher, noch mehr zu erzählen, damit sie sich ein besseres Bild über die einzelnen Berufe machen kann.

Mika, Celina und Annalena wollen für sie ein Plakat erstellen, auf dem alle Dienstleistungen (Tätigkeiten) der einzelnen Berufe zu sehen sind. Dieses Plakat wollen sie auch in ihrem Klassenraum aufhängen, da auch Mitschüler daran interessiert sind.

**1** Informiere dich über das Szenario und notiere hier alle wichtigen Informationen.

**2** Gibt es noch weitere Informationen, die wichtig sein könnten? Versetze dich dazu in die Lage der vier Personen.

> Dokumentiere deinen Lernweg auf Seite 17, damit dir nichts entgeht.

# 6.1 Hilfe bei der Berufswahl — Planen

Mika, Celina und Annalena wollen aus ihren jeweiligen Praktikumsbereichen die Tätigkeiten heraussuchen, die für den Beruf typisch sind.

Zeit für Teamarbeit …

**③** Bilde mit drei Mitschülerinnen oder Mitschülern ein Arbeitsteam. Jedes Team beschäftigt sich mit einem eigenen Infotext.

**Team A**: Befasst euch mit dem Infotext A (siehe Seite 11).

**Team B**: Lest den Infotext B (siehe Seite 12).

**Team C**: Informiert euch im Infotext C (siehe Seite 13).

Wenn ihr mit der Bearbeitung der Infotexte fertig seid, kommt auf diese Seite zurück.

Notiert hier euer Team (A, B, oder C) und eure Teammitglieder:

Fertig mit den Infotexten? Dann geht es hier weiter.

Mika, Celina und Annalena haben aus ihrem jeweiligen Berufsfeld die typischen Dienstleistungen herausgesucht. Jetzt wollen sie ihre Ergebnisse mit den anderen vergleichen.

Gruppenpuzzle

**④** Findet euch in <u>neuen</u> Gruppen zusammen und zwar so, dass in jeder Gruppe ein Schüler oder eine Schülerin von Team A, Team B und Team C zu finden ist.

Tauscht eure Notizen aus und vergleicht die typischen Dienstleistungen aus den einzelnen Berufen.

Ergänzt eure Notizen (blauer Kasten auf Seite 11, 12 und 13) mit weiteren Dienstleistungen, die euch noch einfallen, die aber nicht im Text vorkommen.

Dienstleistung – was ist das?
Jede bezahlte Aktivität mit dem Ziel der Bedürfnis- oder Wunschbefriedigung von Kunden oder Gästen.

Geschafft? Dann geht es weiter auf Seite 14.

6.1　Hilfe bei der Berufswahl　　　　　Planen

Lest euch den zugewiesenen Infotext durch. Markiert erst im Text in einer Farbe die typischen Dienstleistungen für diesen Beruf bzw. Berufsbereich. Notiert diese im Anschluss unten, im blauen Kasten.

### Infotext A

„Also, mein Praktikumstag beginnt so, dass ich die Theke und die Brotregale mit Waren einräume. Es werden zusätzlich noch Brötchen und Brezeln frisch für die Kunden aufgebacken. Danach bereite ich die belegten Sandwiches frisch zu. Zwischendurch kommen schon die ersten Kunden und kaufen fürs Frühstück ein. Manche wollen zu ihren Backwaren einen „Kaffee to go". Mittlerweile darf ich schon die Kasse bedienen und kassieren. Letzte Woche ist das Display ausgefallen und ich musste alles im Kopf ausrechnen – das war total anstrengend. Beim Einpacken von Kuchen und Torten muss mir meine Kollegin noch helfen, das finde ich nicht so einfach. Im Frühjahr und Sommer ist auch unsere Terrasse geöffnet, dann darf ich die Kunden draußen bedienen und habe täglich mehr Bewegung.

Abends muss natürlich immer alles sauber gemacht werden und es werden die Bestellungen für den nächsten Tag an die Backstube weitergeleitet."

© imphilip – stock.adobe.com

Notiere hier stichwortartig die typischen Dienstleistungen im Bereich Bäckerei:

Fertig? Dann blättere zurück zu Seite 10.

| 6.1 | Hilfe bei der Berufswahl | | Planen |  |

Lest euch den zugewiesenen Infotexte durch. Markiert erst im Text in einer Farbe die typischen Dienstleistungen für diesen Beruf bzw. Berufsbereich. Notiert diese im Anschluss unten, im blauen Kasten.

### Infotext B

„Ich helfe im Restaurant aus und bei mir wechselt der Arbeitsbereich häufig. Manchmal helfe ich beim Frühstück und manchmal beim Mittagstisch oder auch beim Abendessen. Das heißt, ich habe ganz unterschiedliche Arbeitszeiten.

Das Eindecken der Tische gehört immer dazu, je nach Mahlzeit, genau wie das Abräumen des schmutzigen Geschirrs. Was mir aber am meisten Spaß macht, ist das Bedienen der Gäste. Ich habe dabei schon viel über verschiedene Gerichte und auch Getränke gelernt. Wenn die Gäste also Fragen haben, kann ich sie schon gut beraten. Am Anfang war es echt wacklig, das Tablett mit den Getränken zu tragen, aber das klappt jetzt richtig gut.

Was nicht so schön ist, ist wenn Gäste nicht gut gelaunt sind oder sich beschweren. Damit komme ich noch nicht so gut klar.

Ach ja, und ich muss immer eine Uniform tragen: aus schwarzer Hose, weißem Hemd und schwarzer Weste. Das gehört einfach dazu."

© Krakenimages.com – stock.adobe.com

Notiere hier stichwortartig die typischen Dienstleistungen im Bereich Restaurant:

Fertig? Dann blättere zurück zu Seite 10.

| 6.1 | Hilfe bei der Berufswahl | Planen |  |

Lest euch den zugewiesenen Infotexte durch. Markiert erst im Text in einer Farbe die typischen Dienstleistungen für diesen Beruf bzw. Berufsbereich. Notiert diese im Anschluss unten, im blauen Kasten.

## Infotext C

„Bei mir läuft der Tag sehr strukturiert ab. Ich helfe, die Theke dekorativ und ordentlich einzuräumen und alle Preisschilder den Produkten zuzuordnen. Dabei muss alles ganz hygienisch zugehen, Preisschilder dürfen z. B. nicht direkt mit Fleisch in Kontakt kommen. Wir haben aber nicht nur Wurst und Fleisch, sondern auch Käse. Der kommt in eine abgetrennte Käsetheke. Ich muss auch Hackfleisch vorbereiten oder bestimmte Wurstspezialitäten in Verpackungen abfüllen. Wir haben ja regelmäßig unseren Mittagstisch, da helfe ich manchmal beim Kochen und den Vorbereitungen in der Küche. Für den Partyservice werden von uns hauptsächlich Wurst- und Käseplatten belegt. Das will der Chef mir demnächst zeigen.
Natürlich darf ich auch Kunden bedienen und kassieren, genauso wie abends aufräumen und putzen. Oft haben die Kunden aber auch Fragen zu den Produkten, die ich leider nicht immer beantworten kann. Aber ich lerne jeden Tag etwas Neues dazu."

© Rui Vale de Sousa – stock.adobe.com

Notiere hier stichwortartig die typischen Dienstleistungen aus der Fleischerei:

Fertig? Dann blättere zurück zu Seite 10.

# 6.1 Hilfe bei der Berufswahl — Planen

Celina, Mika und Annalena sind schon sehr zufrieden. Sie haben viele mögliche Dienstleistungen aufgeführt. Annalena und Mika erinnern daran, dass sie die Küche und das Hotel nicht vergessen dürfen.

**5** Notiert euch, ausgehend von den Dienstleistungen in den Bereichen Bäckerei, Fleischerei und Restaurant, auch zum Bereich der Küche (Beruf Koch/Köchin) und des Hotels (Beruf Hotelfachfrau/Hotelfachmann) typische Dienstleistungen. Vergesst dabei nicht das Housekeeping.

Wenn ihr noch Ideen braucht, scannt die QR-Codes und informiert euch hier.

Bleibt dazu in euren gemischten A-/B-/C-Gruppen.

**D – Typische Dienstleistungen in der Küche bzw. Koch:**

https://ta.planet-beruf.de/tagesablauf-koch-kochin#101429

**E – Typische Dienstleistungen im Hotel inklusive Housekeeping**

Housekeeping? Die Reinigung und Instandhaltung der Zimmer sowie des gesamten Hotels.

https://planet-beruf.de/schuelerinnen/mein-beruf/berufe-von-a-z/ausbildungsberufe-h/hotelfachmann-frau/

# 6.1 Hilfe bei der Berufswahl — Entscheiden & Durchführen

Celina, Mika und Annalena haben mit eurer Hilfe sehr viele Dienstleistungen zusammengetragen und sind jetzt bereit, einen Überblick zu erstellen.

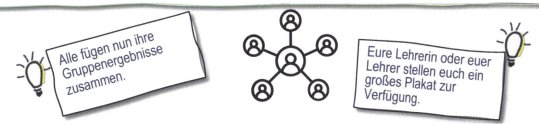

Alle fügen nun ihre Gruppenergebnisse zusammen.

Eure Lehrerin oder euer Lehrer stellen euch ein großes Plakat zur Verfügung.

**6** Entscheidet im Klassenverband über die Aufteilung des Plakates für die Mindmap. Legt Farben für die unterschiedlichen Bereiche (A bis E) fest und entscheidet über weitere Gestaltungsmöglichkeiten wie z. B. Bilder usw.

Toll! Die wichtigsten Entscheidungen sind getroffen. Nun kann das Plakat erstellt werden.

**7** Erstellt im Klassenverband die Mindmap über die berufstypischen Dienstleistungen. Fertigt erst eine Skizze an.

**6.1** Hilfe bei der Berufswahl                    Kontrollieren & Bewerten

Annalena, Celina und Mika haben in der Klasse gemeinsam eine große Mindmap erstellt und dabei alle wichtigen Dienstleistungen, nach Berufen geordnet, aufgeführt. Sogar zwei bisher unbekannte Berufe haben sie ergänzt.

**8** Hängt die Mindmap in eurem Klassenraum auf und schaut euch das Ergebnis in Ruhe an (2 Minuten).

Dann kommt das <u>Blitzlicht</u>:

Jetzt darf jeder aus der Klasse einen Satz zum Arbeitsergebnis sagen, z. B. könnt ihr eure Zustimmung ausdrücken, kritisieren oder spontane Ergänzungen machen.

Beispiel: „Ich finde toll, dass sehr leserlich geschrieben ist."

> Es spricht immer nur einer, der Rest hört zu! Diskutieren könnt ihr im Anschluss.

Notiere dir hier für dich besonders wertvolle Hinweise aus dem Blitzlicht:

Celina, Mika und Annalena sind sehr zufrieden mit ihrer Übersicht und präsentieren sie nun auch ihrer Freundin Sherry, damit sie sich ein Bild der Dienstleistungen in den unterschiedlichen Berufen machen kann.

**9** Bewerte deinen Lernerfolg mit Hilfe der Ampel. Kreuze neben der Ampel an.

🔴 = gar nicht zufrieden    🟡 = es geht so    🟢 = top

  ## Lernampel:

Zufriedenheit mit dem Ergebnis:                    Zusammenarbeit in den Teams:

Das will ich noch verbessern:

6.1 Hilfe bei der Berufswahl          Mein Lernweg

Dokumentiere in der unteren Tabelle deine Lernschritte, damit du während der Lernaufgabe keine Details übersiehst.

| Nr. | Handlungsprodukt | erledigt am: | Unterschrift: |
|---|---|---|---|
| 1, 2 | Szenario analysieren | | |
| 3 | Notizzettel zu den Infotexten | | |
| 4 | Ergänzungen der Infotexte | | |
| 5 | Transfer auf Hotel + Küche | | |
| 6,7 | Mindmap Plakat | | |
| 8 | Blitzlicht (Feedback) | | |
| 9 | Bewertung Ampel | | |

Abschluss

An diesem Thema interessiert mich besonders:

Meine 3 wichtigsten Erkenntnisse:
1.
2.
3.

Zum Abschluss noch ein Feedback von der Lehrkraft an dich:

L1

## Lernfeld 6: Erbringung berufstypischer Dienstleistungen

Lernaufgabe 6.2: Verkaufen und Beraten mit Plan

Ich kann …

- berufstypische Verkaufssituationen beschreiben.
- Kunden und Gäste beraten.
- typische Arbeitsabläufe planen und durchführen.
- wörtliche Rede formulieren.
- ein Storyboard erstellen.

Zeitumfang: 8 Unterrichtsstunden

| 6.2 | Verkaufen und Beraten mit Plan | Informieren |

Celina, Mika und Annalena sitzen in der Altstadt und trinken nach der Schule gemeinsam noch was zur Entspannung. Die Servicekraft, die sie bedient ist sehr gestresst, nichts scheint bei ihr heute rund zu laufen. Über die Hektik, die sie ausstrahlt, beschweren sich schon einige Gäste.

Da bei Celina, Annalena und Mika während ihrer Praktika auch manchmal Dinge schief gelaufen sind, haben sie viel Verständnis für die Servicekraft. Die drei unterhalten sich nun über ihre eigenen Missgeschicke im vergangenen Jahr – im Nachhinein können sie sogar darüber lachen.

Mika berichtet, dass er eine telefonische Bestellung vermasselt hat, da er nichts mitgeschrieben hatte und Celina hat einen Rüffel von ihrer Chefin bekommen, weil sie in der Bäckerei anfangs häufig Kunden falsch begrüßt hat. Annalena gibt zu, dass sie einige Male mit sich selbst unzufrieden war, weil sie immer wieder Sachen vergessen hat und dann im Restaurant ständig hin- und herrennen musste.

Alle drei verstehen inzwischen, dass die Praktikumsbetreuer nicht begeistert waren. Annalena macht den Vorschlag, dass sie zu dritt mit ihren jetzigen Erfahrungen und der Sammlung von weiteren Informationen Leitfäden in Form von Storyboards erstellen könnten. Diese Storyboards sollen die typischen Abläufe eines Verkaufsgesprächs in den Bereichen Gastronomie und Nahrung aufweisen. Celina und Mika sind begeistert und wollen es als Projekt in der Schule vorstellen. Die Mitschülerinnen und Mitschüler können das für die weiteren Berufsschritte sicher auch sehr gut gebrauchen.

① Analysiere die Situation und mache dir Notizen zur Ausgangslage, zur Problemstellung und zum Arbeitsauftrag.

Notiere dir auch Fragen, Gedanken und Ideen, die wichtig sein könnten.

Denke daran, deine Fortschritte auf Seite 28 zu dokumentieren.

Storyboard? Das ist eine Bildsequenz in Kombination mit einem Text.

# 6.2 Verkaufen und Beraten mit Plan — Planen

> Celina traut sich und macht den Anfang. Sie erzählt von ihrem Tagesablauf während ihres Praktikums und was sie dabei gelernt hat.

**2** Lies dir die Beschreibung von Celina durch. Notiere am Rand die einzelnen Phasen des hier beschriebenen Verkaufsvorgangs.

 *Wenn du zusätzliche Hilfe brauchst, schau dir die möglichen Phasen unter der Beschreibung von Celina an.*

| | Phasen |
|---|---|
| Celina berichtet aus der Bäckerei: | |
| Meine Chefin hat mir geholfen, wie ich Kunden korrekt von A bis Z bediene. Das ist gar nicht so schwer. | 1. |
| Wenn der Kunde die Tür reinkommt, begrüße ich ihn lächelnd und schaue ihn an. | |
| Danach frage ich, was er gerne kaufen möchte. Manchmal wissen die Kunden das noch nicht so genau, dann zeige ich ihnen verschiedenen Gebäcke und erkläre diese. Viele, vor allem ältere Kunden, wollen oftmals nur ein wenig mit mir reden. Das macht auch Spaß. | 2. |
| Manche Kunden wollen z. B. eine Torte für eine Feier bestellen, dann zeige ich ihnen unseren Ordner und erkläre ihnen die verschiedenen Torten. | 3. |
| Je nachdem was die Kunden kaufen, muss ich die Waren verschieden verpacken. Brötchen und Brot kommen in Papiertüten, Croissants und ähnliche Waren auch. Torten und Kuchen werden auf Papptabletts gesetzt, dazwischen kommt Fettpapier und dann wird das Tablett in Papier eingeschlagen. Dafür musste ich echt lange üben. Das ist gar nicht so leicht. | 4. |
| Wenn die Kunden alles haben, wird kassiert. Die Kasse darf ich schon länger bedienen. Daher weiß ich, dass ich erst das Rückgeld rausgebe, bevor ich das Geld der Kunden in die Kasse lege. Dann kann ich mich auch nicht verzählen. | 5. |
| Nach dem Kassieren verabschiede ich die Kunden und wünsche ihnen einen schönen Tag. | |
| Also, alles voll easy! | 6. |

**Mögliche Phasen, wähle die passenden Begriffe aus:**

Verabschiedung – Reklamation – Begrüßung – Kassieren – Bestellannahme – Verpacken – Beraten – Erfragen des Kundenwunsches – Pausengespräch

| 6.2 | Verkaufen und Beraten mit Plan | | Planen |  |

Annalena und Mika sind begeistert von Celinas Beschreibung und von dem, was sie bereits gelernt hat. Jetzt berichtet Annalena von ihrem Tag im Service. Sie fühlt sich schon nicht mehr ganz so schlecht, da auch die anderen nicht alles perfekt können.

**③ Lies dir Annalenas Erzählung durch und notiere am Rand in Stichpunkten, was schiefgelaufen ist.**

Annalena berichtet aus dem Restaurant:

Ich habe beim Mittagstisch bedient und ein Pärchen zu seinem Tisch begleitet. Weil ich so aufgeregt war, habe ich vergessen, die Speisekarten schon mitzunehmen. Also bin ich noch mal zurück zur Theke, wo die Menükarten liegen und habe sie zu den Gästen gebracht.

Kurze Zeit später bin ich wieder zu ihnen, um die Bestellung aufzunehmen. Dabei ist mir eingefallen, dass ich die Getränkebestellung schon hätte erledigen können. Jetzt haben die Gäste schon so lange auf dem Trockenen gesessen und das Brotkörbchen hatte ich auch noch nicht gebracht. Oh Mann, was für eine Rennerei.

Nachdem die Gäste mit Essen fertig waren, bin ich zum Tisch und habe abgeräumt. Die Gäste wollten die Reste des Essens eingepackt haben. Daher habe ich das restliche Essen in der Küche in Styroporschalen einpacken lassen und habe es in eine Tragetüte gepackt und den Gästen zum Tisch gebracht.

Vorher hätte ich auch schon fragen können, ob sie noch einen Kaffee wollen. Ich musste also schon wieder laufen.

Nach dem Kaffee haben die Gäste bezahlt und sind gegangen. Danach musste ich noch alles für die neuen Gäste vorbereiten.

Ihr könnt euch gar nicht vorstellen, wie fertig ich war und meine Füße haben total wehgetan.

Hier gab es Probleme:

# 6.2 Verkaufen und Beraten mit Plan — Planen

Jetzt berichtet Mika von seinem katastrophalen Telefongespräch, obwohl ihm das schon ein wenig peinlich ist.

**4)** Lies dir Mikas Erzählung durch und notiere am Rand in Stichpunkten, welche Informationen Mika nach dem Telefonat fehlten, um die Bestellung perfekt zu machen.

Mika berichtet aus der Fleischerei:

An dem Tag klingelte das Telefon. Es war außer mir niemand da, deshalb musste ich rangehen. Eine Kundin, Frau … keine Ahnung wie die hieß, das hatte ich nicht richtig verstanden, rief an, um Würstchen und Schwenker für ihr Grillfest zu bestellen.

Ich habe mir aufgeschrieben, dass sie 10 Rostwürste, 10 Käsegriller und 6 Schwenker wollte, habe mich verabschiedet und aufgelegt. Danach habe ich die Waren, einzeln nach Sorten, in Plastiktüten verpackt und in die Kühlung gelegt.

Mein Chef war nicht begeistert, als ich ihm die Bestellung gegeben habe, vor allem weil die Kundin an dem Tag gar nicht mehr kam. Ich verstehe trotzdem noch nicht so ganz, warum er so sauer war. Versteht ihr das?

**Fehlende Informationen:**

W-Fragen könnten dir hier weiterhelfen.

**5)** Schau dir deine Notizen noch einmal genau an.

Erstelle eine Checkliste für die telefonische Bestellannahme, die alle Fragen klärt, um die Bestellung korrekt ausführen zu können.

**Checkliste telefonische Bestellung**

| 6.2 | Verkaufen und Beraten mit Plan | Entscheiden  |

Celina, Mika und Annalena haben festgestellt, dass während ihrer Praktika schon einiges schiefgelaufen ist. Sie wünschen sich, dass anderen Praktikanten diese Fehler nicht unterlaufen und beschließen, für jede Situation einen Leitfaden in Form eines Storyboards zu erstellen.

Celina hat sich vorgenommen, ein Muster-Verkaufsgespräch zu erstellen. Annalena erstellt eine Checkliste zum Ablauf beim Service im Restaurant und Mika schreibt einen optimalen telefonischen Bestellablauf.

6) Jetzt bist du an der Reihe. Suche dir im Klassenverband einen Partner oder eine Partnerin. Helft den dreien, ihre Leitfäden zu erstellen. Auf den folgenden Seiten findet ihr bereits Vorüberlegungen. Ihr könntet auch entscheiden, eigene Storyboards zu verfassen.

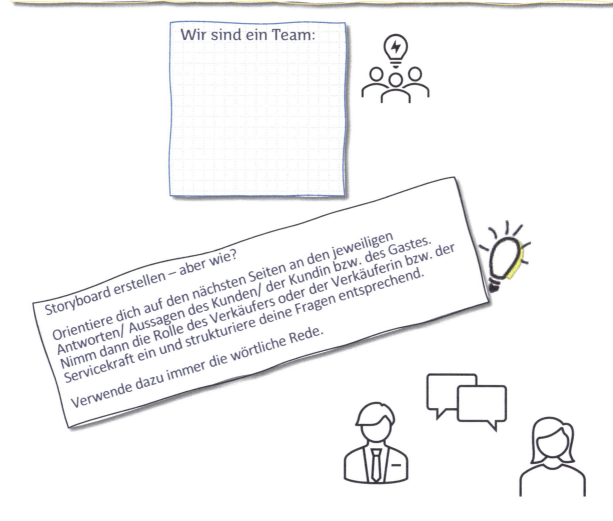

Wir sind ein Team:

Storyboard erstellen – aber wie?
Orientiere dich auf den nächsten Seiten an den jeweiligen Antworten/ Aussagen des Kunden/ der Kundin bzw. des Gastes. Nimm dann die Rolle des Verkäufers oder der Verkäuferin bzw. der Servicekraft ein und strukturiere deine Fragen entsprechend.
Verwende dazu immer die wörtliche Rede.

# 6.2 Verkaufen und Beraten mit Plan — Durchführen

Celina hat sich überlegt, den Ablauf eines typischen Verkaufsgesprächs für andere Praktikanten in einer Bildergeschichte festzuhalten.

**7** Ergänzt den Redeanteil von Celina in den gelben Sprechblasen in wörtlicher Rede. Denkt nochmal an die einzelnen Phasen des Verkaufsvorgangs (Seite 20).

*Immer höflich bleiben.*

## 6.2 Verkaufen und Beraten mit Plan — Durchführen

Annalena möchte den Ablauf im Restaurant optimieren. Dazu hat sie sich überlegt, einen Ablaufplan mit Bildern zu gestalten.

**8** Schaut euch die Bilder in Ruhe an. Beschreibt in Sätzen die einzelnen, abgebildeten Schritte, die vom Eintreffen der Gäste bis zum Verlassen des Restaurants von der Servicekraft gemacht werden.

1.

2.

3.

4.

5.

6.

7.

8.

| 6.2 | Verkaufen und Beraten mit Plan | | Durchführen |  |

Mika will aus den Fehlern seines Telefonates lernen und möchte mit eurer Hilfe ein Storyboard für eine telefonische Bestellannahme erstellen.

**9** Schneide zunächst die Gesprächsteile im Anhang (A1) aus und klebe sie auf der rechten Seite in der richtigen Reihenfolge auf.

Ergänze dann mithilfe deiner Ausarbeitungen von Seite 22 das folgende Storyboard in wörtlicher Rede.

> Überprüfe vor dem Aufkleben bei deiner Lehrperson, ob alles stimmt.

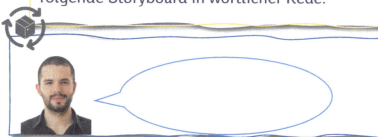

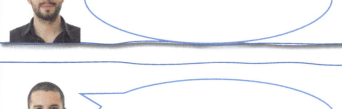

## 6.2 Verkaufen und Beraten mit Plan — Kontrollieren

> Annalena, Celina und Mika haben ihre Storyboards in wörtlicher Rede ergänzt und in eine sinnvolle Reihenfolge gebracht.

**10** Tauscht eure Ergebnisse mit einem anderen Team aus und korrigiert euch gegenseitig. Gebt einem ausgewählten Team ein Feedback und erhaltet selbst ein Feedback für eure Arbeit.

Denkt dran: Immer fair und objektiv bleiben.

Diese Rückmeldungen haben wir von dem anderen Team erhalten:

| Kriterien | ☺ | 😐 | ☹ |
|---|---|---|---|
| Ausdrucksweise |  |  |  |
| Vollständigkeit |  |  |  |
| Reihenfolge |  |  |  |

Rückmeldung von Team: _____ & _____

Folgende Kritikpunkte haben wir aufgegriffen und in unserer Ausarbeitung verändert:

-

-

-

## 6.2 Verkaufen und Beraten mit Plan — Bewerten

Celina, Mika und Annalena sind froh, dass ihr so gut geholfen habt. Sie können jetzt ihre Storybords an andere Praktikanten weitergeben.

**11** Bewerte deinen Lernstand selbst zu Beginn und am Ende der Lernaufgabe. Nutze hierzu die nachfolgende Tabelle.

| Lernstand | Das kann ich schon. | Da bin ich noch unsicher. | Das kann ich jetzt. |
|---|---|---|---|
| Ich kann... | Datum: | Datum: | Datum: |
| • den Ablauf des Verkaufsvorgangs beschreiben. | | | |
| • die notwendigen Informationen für eine telefonische Bestellung nennen. | | | |
| • einen reibungslosen Ablauf im Restaurant beschreiben. | | | |
| • Storyboards/Ablaufpläne beschriften. | | | |
| • Storyboards/Ablaufpläne in die richtige Reihenfolge bringen. | | | |
| • meinen Mitschülerinnen und Mitschülern ein hilfreiches Feedback geben und selbst Feedback annehmen. | | | |

**Abschluss**

**12** Dokumentiere in der Tabelle deine Lernschritte, damit du während der Lernaufgabe keine Details übersiehst.

| Nr. | Handlungsprodukt | erledigt am: | Unterschrift: |
|---|---|---|---|
| 2 | Phasen des Verkaufsablaufs | | |
| 3 | Fehler im Restaurant | | |
| 4 | Fehlende Informationen am Telefon | | |
| 5 | Bestellzettel | | |
| 7 | Verkaufsgespräch | | |
| 8 | Roter Faden Restaurant | | |
| 9 | Telefonat Reihenfolge | | |
| 10 | Team Feedback | | |

# 6.2 Verkaufen und Beraten mit Plan — Anhang

Schneide hier die Gesprächsteile von Mikas Kundin aus und bringe sie in eine sinnvolle Reihenfolge.

Gleiche die Reihenfolge zunächst mit der Lehrkraft ab, bevor du auf Seite 26 aufklebst.

Dann ergänzt du dort die blauen Kästchen mit passenden Fragen an die Kundin.

- Das wäre toll, dann brauche ich nicht selbst vorbeizukommen.
- Ich zahle bei Lieferung. Vielen Dank!
- Guten Tag, Fischer am Apparat. Ich würde gerne etwas bestellen.
- Für Samstag bitte, das ist, glaube ich, der 15.07.
- Danke Ihnen. Bis Samstag. Tschüss.
- Ich hätte gerne 20 Rostwürste, 20 Käsegriller und 10 Schwenkbraten.
- Am besten vormittags, das geht in die Rosenstraße 11 in 78965 Hintertupfing

A1

## Lernfeld 6: Erbringung berufstypischer Dienstleistungen
Lernaufgabe 6.3: Ein Frühstücksbuffet entsteht

© kite_rin – stock.adobe.com

© Monkey Business – stock.adobe.com

© Kristina Blokhin – stock.adobe.com

Ich kann ...

- Belegpläne für Gebäck-, Wurst- und Käseplatten erstellen.
- Speisen garnieren.
- im Team arbeiten.
- ein Buffet aufbauen und gestalten.

Zeitumfang: 8 Unterrichtsstunden

# 6.3 Ein Frühstücksbuffet entsteht — Informieren

Annalena mag ihr Praktikum im Hotelrestaurant „Zum Mügelsberg". Nun soll sie, laut Dienstplan, demnächst im Frühstücksservice eingesetzt werden.

Das Frühstück wird in Form eines Buffets (gesprochen: Büfees) aufgebaut. Soviel weiß sie, viel mehr aber auch nicht. Bevor sie im Frühstücksservice eingesetzt wird, informiert Annalena sich bei einer Kollegin. „Ich habe noch nie ein Buffet aufgebaut.", sagt sie zu Sarah. „Wie ist denn so ein Buffet zusammengestellt? Welche Lebensmittel gehören auf ein Buffet? Wie werden die angebotenen Lebensmittel präsentiert und eventuell auch dekoriert? Dabei muss man doch bestimmt einiges beachten, oder?

Sarah möchte ihr gerne behilflich sein, leider fehlt ihr dazu die Zeit. Sie schlägt Annalena vor, sich in der Berufsfachschule gemeinsam mit ihren Mitschülerinnen und Mitschülern zu informieren, um exemplarisch ein Buffet aufzubauen. Dies wollen sie natürlich in einem Foto festhalten.

© Krakenimages – stock.adobe.com

 Dokumentiere von Beginn an deine Arbeitsschritte in der Tabelle auf Seite 42.

**1** Analysiere die Situation und notiere hier alle wichtigen Informationen in Stichpunkten.

**2** Gibt es noch weitere Informationen, die wichtig sein könnten? Versetze dich dazu in die Lage von Annalena.

**6.3** Ein Frühstücksbuffet entsteht     Planen

Von ihrer Lehrerin erhält Annalena als erstes einen Infotext über Buffets und deren Zusammenstellung. Annalena soll den Text lesen und einen eigenen Vorschlag für die Gestaltung eines Buffets machen.

**③** Schaue dir die Infoboxen auf dieser und der nächsten Seite an. Von deiner Lehrkraft erhältst du eine Kopie der Seite A1. Schneide die Kästchen und Pfeile darauf aus und ordne sie mithilfe der gewonnenen Erkenntnisse in der Vorlage auf Seite 32 korrekt an.

## Das Buffet

Je nach Tageszeit und Anlass können unterschiedliche Buffets angeboten werden. Man unterscheidet z. B. Salat-, Frühstücks-, Brunch- und Kuchen-Buffets.

Die Ansprüche von Frühstücksgästen sind in der Regel hoch. Gerade im touristischen Bereich nehmen Gäste sich viel Zeit für das Frühstück, sie wollen es genießen. Dabei hat das Frühstücksbuffet das Frühstück von der Karte (à la carte) fast vollständig abgelöst. Gäste wünschen eine große Produktauswahl, die frisch und schmackhaft präsentiert wird und den Preis eines durchschnittlichen à-la-carte-Frühstücks nicht übersteigt.

Der Brunch (Breakfast = Frühstück und Lunch = Mittagessen) nimmt eine Zwischenstellung zwischen Frühstück und Mittagsessen ein. Beim Brunch-Buffet wird das übliche Frühstücksbuffet mit Suppen, kleineren, warmen Gerichten, Salaten und Süßspeisen ergänzt.

Buffets werden von den Servicekräften aufgebaut, wobei auf Sauberkeit und ansprechendes Aussehen zu achten ist. Während des Buffets hat die Servicekraft neben der Bereitstellung warmer Getränke lediglich dafür zu sorgen, dass das Buffet immer wieder aufgefüllt wird. Darüber hinaus räumt die Servicekraft schmutziges Geschirr von den Tischen ab.

## Präsentation:

- Platten so anrichten, dass diese auch noch appetitlich aussehen, wenn sich bereits Gäste daran bedient haben.
- Kleinere Platten anrichten und häufiger auswechseln, damit die Speisen frisch bleiben.
- Besonders dekorative Platten bilden den Mittelpunkt.

## Zusammenstellung und Aufbau eines Buffets

- Tische in Block- oder Hufeisenform aufstellen. Somit ist das Buffet von allen Seiten zugänglich.
- Die Gäste laufen von rechts nach links am Buffet entlang (Laufrichtung gegen den Uhrzeigersinn). Daher stehen ganz rechts die Teller.
- Speisen stehen links neben den Tellern. Die passenden Vorlegebestecke liegen neben den Schüsseln bzw. auf den Platten. Die Griffe zeigen zum Gast.
- Die hinteren Speisen eventuell erhöht anordnen, damit sie leicht erreichbar sind.
- Brotauswahl, Besteck und Servietten liegen ganz links am Ende des Buffets.
- Getränke und Gläser stehen auf einem Servierwagen oder Nebentisch. Bei geringem Platzangebot stehen hier auch Teller, Besteck und Servietten.
- Genügend Platz zwischen den Platten lassen.
- Beschriftung der Speisen durch Aufsteller.

## 6.3 Ein Frühstücksbuffet entsteht — Planen

| Vorteile von Buffets 😊 | Nachteile von Buffets ☹ |
|---|---|
| Gäste haben mehr Zeit zur Entscheidung und freie Auswahl. | Eventuell vermisst der Gast den persönlichen Service und die Beratung. |
| Gäste haben größere Speisenauswahl, jeder findet was Leckeres. | Es besteht die Gefahr großer Restemengen, da Gäste mehr nehmen, als sie verzehren. |
| Viele Gäste können auch in einem kleineren Raum bewirtet werden. | Es müssen große Mengen unterschiedlicher Speisen gelagert werden. |
| Es bedarf weniger Personal als beim à-la-carte-Frühstück. | |

So könnte ein Buffet aussehen:

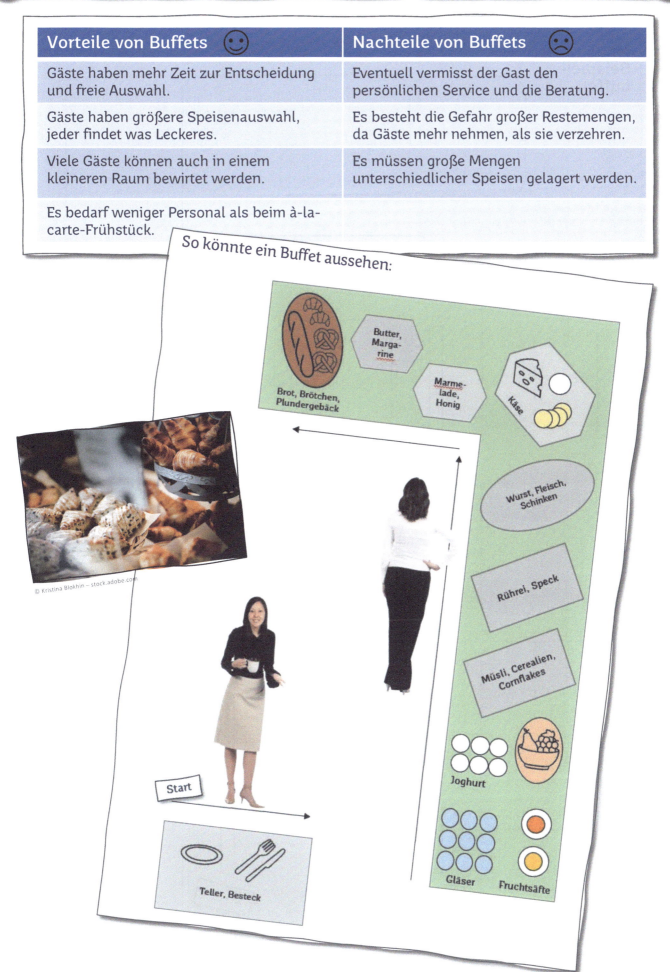

## 6.3 Ein Frühstücksbuffet entsteht — Planen

**Mein Beispielbuffet:**

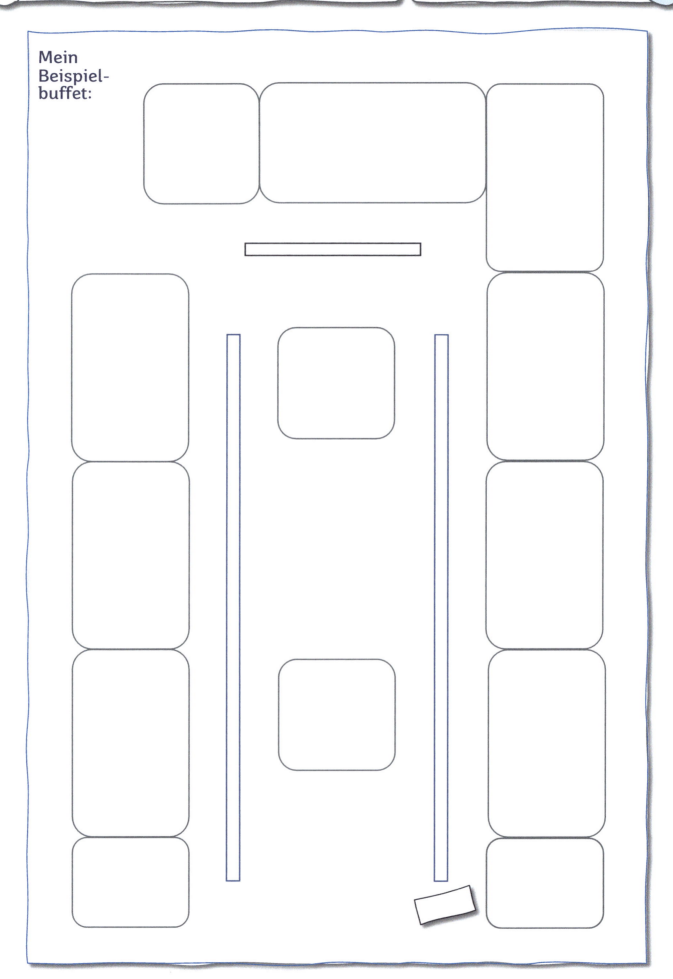

# 6.3 Ein Frühstücksbuffet entsteht — Planen

Annalena hat nun einen allgemeinen Überblick über die Buffets und deren Zusammenstellung. Nun macht sie sich aber noch um die Details Gedanken.

**4** Informiere dich mithilfe des Textes über das professionelle Anrichten von Lebensmitteln auf Platten. Markiere wichtige Aussagen und finde an den entsprechenden Stellen Beispiele für die genannten Lebensmittel.

Auf ein Frühstücksbuffet gehören u. a. auch angerichtete **Platten**. Das sind sehr große, runde oder eckige Teller, auf denen beispielsweise Käse, Wurst oder Gebäck ansprechend präsentiert werden. Das Material, aus dem die Platten sind, kann das darauf Präsentierte noch zusätzlich aufwerten. Edelstahl-, Spiegel-, Holz- oder Schieferplatten sind dafür besonders geeignet.

### Aufschneiden von Wurst und Schinken
Damit Wurst und Schinken beim Aufschneiden nicht schmieren, werden sie vor dem Aufschneiden gut gekühlt.
- **Brühwurst** wird von der Haut befreit und in schmale (ca. 0,5 cm) Scheiben geschnitten. — Bsp.:
- **Härtere Wurst** wird ebenfalls von der Haut befreit, dann aber in sehr dünne Scheiben geschnitten. — Bsp.:
- **Streichwurst** wird in ca. 1 cm breite Stücke geschnitten. — Bsp.:
- Vom **Schinken** wird zuerst die Fettschicht entfernt und dann wird er in dünne Scheiben geschnitten.

### Schneiden von Käse:

- **Schnittkäse** wird zunächst von der Rinde befreit und dann in dünne Scheiben geschnitten. Je nach Größe der einzelnen Scheiben, werden diese in kleinere Stücke geteilt.
- Bei allen **anderen Käsesorten** ist die Schnittform von der jeweiligen Käseform abhängig.

> Runde Käse werden beispielsweise keilförmig angeschnitten.

### Anrichten der Platten:
- Am Plattenrand ein paar cm freilassen.
- Scheiben werden exakt, dachziegelartig übereinander gelegt.
- Plattenbelag, wenn möglich, farblich kontrastierend anordnen.
- Feine Backwaren, Kanapees, Minitörtchen oder kleine Käsehäppchen in Reihen auf die Platten legen.

### 6.3 Ein Frühstücksbuffet entsteht — Planen

Annalena hat gerade viele Informationen darüber erhalten, wie man Lebensmittel auf Platten anrichtet. Am liebsten möchte sie direkt loslegen und ihr neuestes Wissen anwenden. Deshalb fertigt sie eine Skizze an.

**5** Skizziere einen „Belegplan" für eine Platte deiner Wahl. Entscheide dich dabei für eine Gebäck-, Wurst- oder Käseplatte.

Skizze:

6.3 Ein Frühstücksbuffet entsteht — Planen

Platten zu legen traut sich Annalena nun schon zu. Um die Platten noch schöner zu gestalten, möchte sie auch das Garnieren erlernen.

**6** Lies dir den Text aufmerksam durch. Kennst du noch andere Garnierungen und Hilfsmittel? Notiere diese.

### Die Garnierung der Platten

Um das auf Platten Präsentierte noch ansprechender und dekorativer zu machen, verwendet man die sogenannte Garnitur. Dies sind Lebensmittel, die zum Plattenbelag passen und diesen schmücken. Sämtliches Garniermaterial muss natürlich vor der Verarbeitung gründlich gewaschen sein.

Zum **Garnieren von Speisen** eignen sich:

- Kräuter, z. B. Petersilie, als Sträußchen gebunden oder fein gehackt
- Salatblätter
- hartgekochte Eier in Scheiben, Sechstel oder Achtel
- Gewürzgurken in Scheiben oder als Fächer
- Champignons als ganze Köpfe oder in Scheiben
- Tomaten in Scheiben, Viertel, Achtel oder Würfel
- Radieschen in Streifen, Viertel oder Röschen
- Paprika in Rauten, Ringen, Streifen oder Würfel
- Sahnetupfer
- frische Früchte in Segmenten, Vierteln, Kugeln oder Würfeln

**Hilfsmittel zum Garnieren** erleichtern das Arbeiten immens. Dazu zählen u. a. scharfe Messer, Sparschäler, Reiben, Spritzbeutel mit verschiedenen Tüllen, Keksausstecher und Spezialwerkzeuge.

Notizzettel für weitere Garnierungen und Hilfsmittel:

| 6.3 | Ein Frühstücksbuffet entsteht | | Planen |  |

Auch die Garnituren will Annalena üben, um sich das besser vorstellen zu können.

**7** Mit dem neuen Wissen geht es jetzt in die Schulküche. Stelle verschiedene Garnituren her und halte deine Ergebnisse auf einem oder mehreren Fotos fest. Klebe die Schönsten unten auf.

Foto(s) von verschiedenen Garnituren:

| 6.3 | Ein Frühstücksbuffet entsteht | Entscheiden |  |

Annalena weiß nun, wieviel Arbeit in einem Buffet steckt und ihr wird bewusst, dass sie das alleine nicht bewältigen kann. "Aber im Team sollte das doch machbar sein?", überlegt sie. Helft ihr Annalena?

**8** Plant als Klasse ein Buffet. Entscheidet gemeinsam, wie ihr das Buffet gestalten möchtet: Wie wird das Buffet aufgebaut? Welche Belegpläne möchtet ihr umsetzen? Welche Garnierungen verwendet ihr?

Schaut euch dazu die Beispiel-Skizzen nochmal an und stimmt ab.

Notiert eure Entscheidungen auf dem Notizzettel.

> **TEAM**arbeit bedeutet **nicht T**oll **E**in **A**nderer **M**acht's!
> **Teamarbeit** ist die Zusammenarbeit mehrerer Personen, um ein gemeinsames Ziel zu erreichen.
> Jedes Mitglied eines Teams bringt seine Talente, Kenntnisse und Fertigkeiten ein, damit das Erreichen des Ziels gelingt.

Buffetform:

Belegpläne von:

Garnierungen:

Dekoration:

Sonstiges:

| 6.3 | Ein Frühstücksbuffet entsteht | Durchführen  |

Annalena ist begeistert von der Teamarbeit und will das Buffet nun unbedingt in echt ausprobieren.

**9** Setzt euer Buffet wie geplant in der Schulküche um. Klebe hier ein Foto davon ein.

Unser Buffet:

| 6.3 | Ein Frühstücksbuffet entsteht | Kontrollieren |

Das Buffet ist fertig. Ihr habt Annalena sehr gut geholfen!

**10** Schaut euch die Fotos eures Buffets an und erinnert euch an das gemeinsame Arbeiten beim Erstellen und Gestalten dieses Arbeitsproduktes.

Gebt euren Mitschülerinnen und Mitschülern Feedback zum Arbeiten im Team.

**Tipp:**
Um den anderen Schülerinnen und Schülern Feedback zu geben, darfst du dich gerne an den Kriterien orientieren, die du in der Tabelle findest.

Diese Rückmeldungen haben ich zu meiner Teamarbeit erhalten:

| Kriterien | 🙂 | 😐 | 🙁 |
|---|---|---|---|
| Ich habe tatkräftig mitangepackt. | | | |
| Meine Teammitglieder konnten sich auf mich verlassen. | | | |
| Ich habe zielgerichtet gearbeitet. | | | |
| Ich bin Kompromisse eingegangen. | | | |

Das ist mir besonders gelungen:

_____

_____

| 6.3 | Ein Frühstücksbuffet entsteht | Bewerten |  |

> Annalena konnte also mit ihrem Buffet einen guten Eindruck machen. Vielen Dank für deine Unterstützung.

**11** Reflektiere nun dich und dein Arbeiten mithilfe folgender Sätze.

Das ist mir leicht gefallen:

Das war o. k.:

Das möchte ich noch verbessern:

Das hat in der Gruppe sehr gut funktioniert:

Das war in der Gruppe ganz gut:

Das war in unserer Gruppe nicht einfach:

Die Arbeitsaufträge waren:

Abschluss

*Führe diese Tabelle parallel zu den Lernschritten der Lernaufgabe.*

| Nr. | Handlungsprodukt | erledigt am: | Unterschrift |
|---|---|---|---|
| 1, 2 | Notizzettel | | |
| 3 | Buffetelemente korrekt anordnen | | |
| 4 | Aussagen in Text markieren | | |
| 5 | Skizze Belegplan | | |
| 6 | Notizzettel Ergänzungen zu Text | | |
| 7 | Herstellen von Garnituren | | |
| 8 | detaillierte Buffetplanung | | |
| 9 | Buffetaufbau | | |
| 10 | Feedback Teamarbeit | | |
| 11 | Selbstreflexion | | |

# 6.3 Ein Frühstücksbuffet entsteht — Mein Lernweg

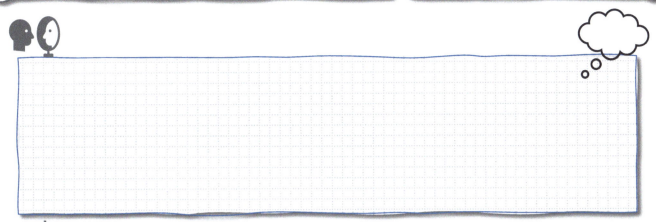

Zu diesem Thema habe ich bereits folgende Erfahrungen gemacht:

Und zum Schluss bitte noch ein Feedback an deine Lehrkräfte. Kreuze an.

Wie hat dir die Lernaufgabe gefallen?   Hattest du Spaß beim Bearbeiten?

Möchtest du noch etwas anmerken? _____
_____

*Vielen Dank für dein Feedback!*

Zum Abschluss noch ein Feedback von der Lehrkraft an dich.

## 6.3 Ein Frühstücksbuffet entsteht — Anhang

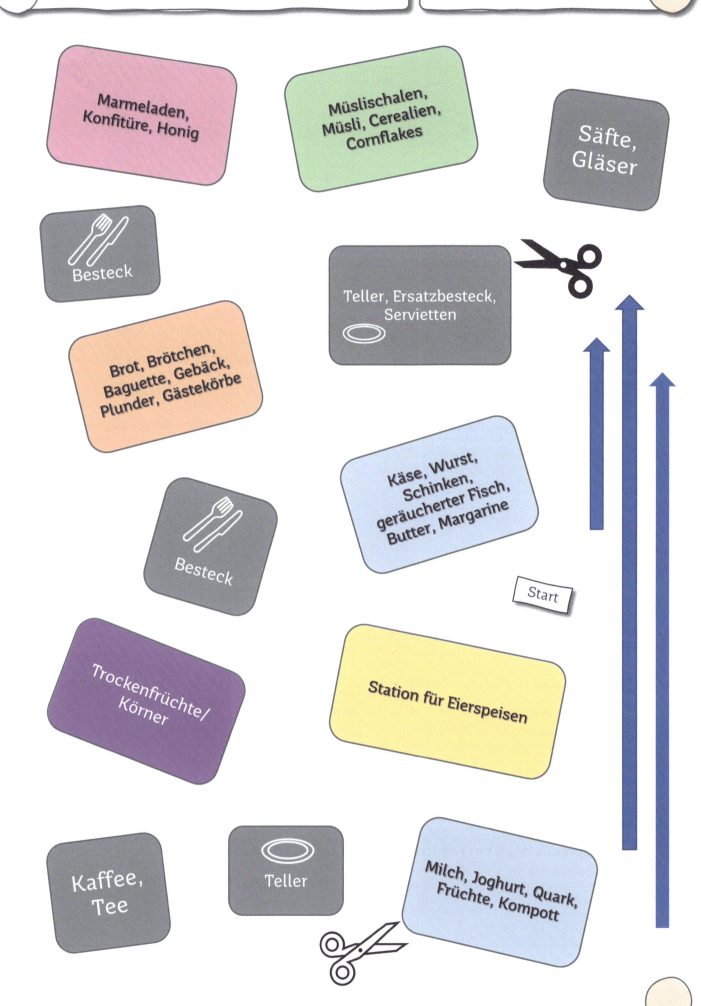

## Lernfeld 6: Erbringung berufstypischer Dienstleistungen

Lernaufgabe 6.4: Der Mittagstisch – Grundregeln der Menüerstellung

**Ich kann ...**

- ein Grundmenü von einem erweiterten Menü unterscheiden.
- die korrekte Zusammenstellung eines Menüs erkennen.
- ausgewählte Grundregeln für einfache Speisenfolgen benennen.
- Menüs fachgerecht zusammenstellen.
- eine Menükarte herstellen.

Zeitumfang: 6 Unterrichtsstunden

# 6.4 Der Mittagstisch – Grundregeln der Menüerstellung

Informieren

Annalena absolviert ihr Praktikum im Hotelrestaurant „Zum Mügelsberg". Tom, einer von zwei Kochazubis, die kurz vor der Abschlussprüfung stehen, erzählt Annalena, dass der Küchenchef mit ihnen gerade das Thema Menüregeln wiederholt. Da das Restaurant montags bis freitags einen Mittagstisch mit drei wechselnden Menüs anbietet, sollen die beiden Auszubildenden die Menüs für kommende Woche erstellen.

Die Jungs sind etwas spät dran und bitten Annalena um Hilfe. „Könntest du uns helfen? Johannes und ich schreiben jeweils ein Menü. Würdest du das dritte übernehmen?", fragt Tom Annalena. Da sie die beiden nicht im Stich lassen will, sagt sie zu. Allerdings weiß Annalena gar nicht, was man unter Menüregeln versteht und wie man ein Menü überhaupt zusammenstellt. Was bedeutet der Begriff Menü überhaupt? Sie beschließt sich gemeinsam mit Mia, ihrer Freundin aus der Beruflichen Schule, über das Thema zu informieren und eine ansprechende Menükarte zu erstellen.

> Dokumentiere von Anfang an deine Arbeitsschritte in der Tabelle auf Seite 54.

**? ①** Informiere dich über das Szenario und notiere hier alle wichtigen Informationen in Stichpunkten.

**? ②** Gibt es noch weitere Informationen, die wichtig sein könnten? Versetze dich dazu in die Lage von Annalena.

6.4 Der Mittagstisch – Grundregeln der Menüerstellung — Planen

Zunächst möchten Annalena und Mia herausfinden, was man unter einem Menü versteht und wie man dieses erstellt. Dazu haben sie folgenden Text gefunden.

③ Lies dir den Text auf dieser Seite aufmerksam durch.
Markiere, um einen besseren Überblick zu behalten, die einzelnen Gänge in den folgenden Farben:
Kalte Vorspeise, Suppe, Zwischengericht, Hauptgericht, Käse, Dessert.

Die Informationen aus dem Text sind wichtig für die Bearbeitung der S. 48 dieser Lernaufgabe.

## Das Menü

Ein Menü ist eine sogenannte Speisenfolge, welche aus mindestens drei Gängen besteht, z. B. Suppe, Hauptgericht und Dessert. Es wird zu einer bestimmten Jahreszeit (z. B. im Sommer) und einem vorgegebenen Anlass (z. B. zum Mittag, zur Hochzeit) serviert.

### Anzahl der Gänge im Menü

Das Grundmenü mit 3 Gängen ist die einfachste Form des Menüs. Es besteht aus

Suppe – Hauptgericht – Dessert.

Das erweiterte Menü wird gerne bei besonderen Anlässen verwendet.
Es hat 4 oder 5 Gänge:

Kalte Vorspeise – Suppe – Hauptgericht – Dessert

Kalte Vorspeise – Zwischengericht – Hauptgericht – Dessert

Kalte Vorspeise – Suppe – Zwischengericht – Hauptgericht – Dessert

Bei besonderen Feierlichkeiten kann ein Menü auch auf 6 oder mehr Gänge erweitert werden, z. B.:

Kalte Vorspeise – Suppe – Zwischengericht – Hauptgericht – Käse – Dessert

### Zusammenstellung von Menüs

Bei der Zusammenstellung eines Menüs orientiert man sich immer an der Hauptspeise. Sie ist der wichtigste Gang im Menü. Zuerst legt man die Hauptspeise fest, die restlichen Gänge werden dann ergänzt.

So schreibst du den Hauptgang in der korrekten Reihenfolge auf:

Fleisch/Fisch – Soße – Gemüse – Kartoffel-/Reis- oder Teigwarenbeilage – Salat

### 6.4 Der Mittagstisch – Grundregeln der Menüerstellung

Planen

Jetzt können sich Annalena und Mia schon etwas mehr unter dem Begriff Menü vorstellen. Allerdings wissen sie immer noch nicht genau, wie man ein Menü erstellt. Um Johannes und Tom zu helfen, müssen sie also noch mehr Informationen beschaffen.

**4** Schau dir dazu folgende Regelkarten an. Notiere unbekannte Begriffe und schlage sie nach.

## Grundregeln der einfachen Speisenfolgen

Da die Gänge innerhalb eines Menüs harmonisch aufeinander abgestimmt sein müssen, gelten folgende Grundregeln bei der Zusammenstellung von Menüs:

### Wechsel der Rohstoffe

Rohstoffe sollten sich nicht wiederholen, da das Menü sonst einseitig wird.
Sie müssen sich zum Hauptgang hin in ihrer Wertigkeit steigern.

**1**

### Wechsel in der Farbe

Die Farbe der einzelnen Gänge soll abwechselnd hell und dunkel sein, da gleiche Farben hintereinander langweilig wirken.

**2**

### Wechsel in der Zubereitungsart

Die Zubereitungsart darf sich im Menü nicht wiederholen. Ein Menü sollte mit gedünsteten und gekochten Gerichten beginnen, später folgen gebratene, gegrillte oder frittierte Speisen.

**3**

### Anlassbezogene Rohwarenauswahl

Bei festlichen Anlässen werden meist mehrgängige Menüs serviert, die auch hochwertige Rohstoffe als Grundlage haben. Bei einem Grillmenü geht es dagegen eher rustikal zu.

**4**

### Saisonale und regionale Rohwarenauswahl

Man sollte frische und regionale Produkte, der Jahreszeit entsprechend, verwenden. Sie sind geschmacklich und qualitativ am besten und meist preisgünstiger.

**5**

**!**

Frühling: Erdbeeren, Lamm, Spargel
Sommer: Beeren, Blattsalate
Herbst: Kürbis, Muscheln, Pilze, Wild
Winter: Gans, Kohlgemüse, Nüsse

Bei der Auswahl hilft der Saisonkalender für Obst und Gemüse!

Hier findest du den Link und QR-Code zum Kalender:
3488/2017 aid-Saisonkalender Gemüse und Obst (bzfe.de)

# 6.4 Der Mittagstisch – Grundregeln der Menüerstellung

Planen

Annalena bekommt eine Nachricht von Tom, dass die Menüs der Jungs fertig seien und er fragt, ob sich Annalena diese mal anschauen könnte. „Vielleicht findest du Fehler, die wir übersehen haben." schreibt Tom.

**5** Schau dir beide Menüs an. Welche Fehler haben Tom und Johannes bei der Zusammenstellung ihrer Menüs für den Mittagstisch gemacht? Halte diese unten fest und begründe deine Auswahl. Schreibe Korrekturvorschläge in die Menüs.

### Johannes

Kürbis-Kartoffelsuppe

\*\*\*

Kalbskotelett mit Kartoffelpüree und Champignons

\*\*\*

Mandelcreme

**Tipp 1:** Es ist Sommer!

Fehler: | Begründung:

### Tom

Geflügelkraftbrühe mit Spargelravioli

\*\*\*

Geschmorte Lammkeule mit Speck-Rosenkohl und Bandnudeln an Rosmarinsoße

\*\*\*

Dunkles Schokoladenmousse

**Tipp 2:** Für einen Mittagstisch verwendet man leichtere Speisen, damit die Gäste nach dem Essen nicht müde werden.

Fehler: | Begründung:

**6.4** Der Mittagstisch – Grundregeln der Menüerstellung     Planen

Johannes und Tom haben ihre Menüs korrigiert. Nun fehlt nur noch Annalenas Menüvorschlag.

 Schreibe zuerst alle Kriterien auf, die du bei der Erstellung nicht vergessen willst.

**Notizen:**
- Jahreszeit: Sommer ➔ passende Rohstoffe aussuchen (Saisonkalender!)
- Anlass: Mittagstisch ➔ ...

 Erstelle nun dein Menü. Wende dazu die Regeln der einfachen Speisenfolgen (Seite 48) an. Ideen dazu findest du im Anhang (Seite A1).

So schreibt man ein Menü:

Vorspeise

\*\*\*

Hauptgericht

\*\*\*

Dessert

Tagesmenü: Viele Menschen, vor allem Berufstätige, nehmen ihr Essen außerhalb des Hauses ein. Das Menü sollte aus maximal 3 Gängen, leicht verdaulichen Speisen und kleineren Portionsgrößen bestehen.

Tagesmenüs sind preisgünstiger als z. B. ein Festmenü. Daher verwendet der Koch auch günstigere Rohwaren, z. B. Erbsen statt Spargel oder Geflügel statt Rindfleisch.

6.4 Der Mittagstisch – Grundregeln der Menüerstellung  Planen

Annalenas Chef ist so begeistert von ihrem Menüvorschlag, dass er ihn montags und donnerstags als Mittagstisch anbieten möchte. Er bittet sie daher eine Menükarte zu erstellen, die auf den Tischen ausliegen wird.

**8** Lies dir den Text aufmerksam durch und notiere dir Stichpunkte, die dir später bei der Erstellung deiner eigenen Menükarte helfen.

## Menükarten

Eine gut gestaltete Menükarte weckt die Freude am Essen und Trinken und unterstreicht den Anlass des Menüs. Außerdem werden die Gäste über Speisen und Getränke informiert. Oft werden Menükarten auch von Gästen mit nach Hause genommen und sind daher als Werbe- und Informations-instrument für ein Restaurant sehr bedeutsam.

Es empfiehlt sich, Farbe und Form der Menükarte auf den Anlass abzustimmen. Für einfache Anlässe kann das Menü auf ein einfarbiges oder buntes DIN A 4-Blatt geschrieben oder gedruckt werden. Die Karte kann z. B. gerollt und mit einer Kordel fixiert werden. Gefaltete Menükarten können zusätzlich mit einem Einlegeblatt versehen werden. Auf den äußeren Umschlag gehören Anlass und Name bzw. Logo des Restaurants.

### Wie erstelle ich eine Menükarte?

✓ zentrierte Schreibweise

✓ korrekte Schreibweise (keine Rechtschreib- oder Grammatikfehler)

✓ leserliches, übersichtliches und einheitliches Schriftbild

✓ gut leserliche Schriftgröße

✓ Trennung der Gänge durch Abstand oder bspw. Sternchen

Notizen:

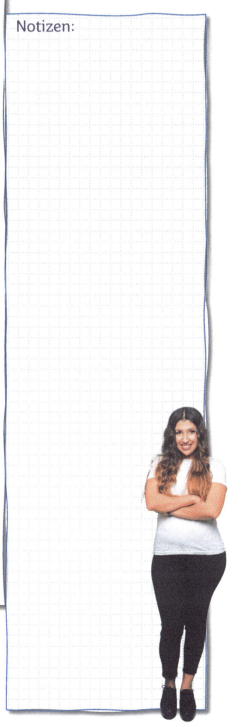

© Krakenimages – stock.adobe.com

# 6.4 Der Mittagstisch – Grundregeln der Menüerstellung — Entscheiden

Bevor es an die Erstellung der Menükarte geht, muss Annalena sich erst einmal überlegen, wie diese aussehen soll.

**9** Hilf Annalena dabei, indem du dir folgende Beispiele für Menükarten anschaust. Entscheide dann über Aufbau und Gestaltung deiner Menükarte für den Mittagstisch. Mach dir eine Skizze oder Notizen dazu.

Hier einige Beispiele für Menükarten:

Um dir die einzelnen Schritte deiner Planung nochmal in Erinnerung zu rufen, kannst du die vorhergehenden Seiten der Lernaufgabe anschauen.

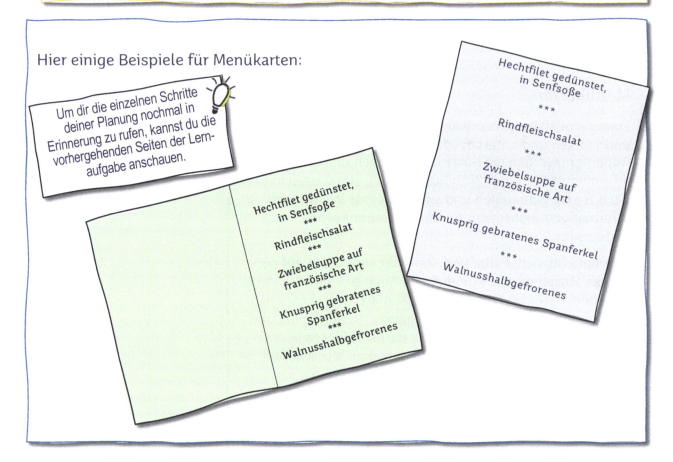

Platz für eine Skizze oder Notizen:

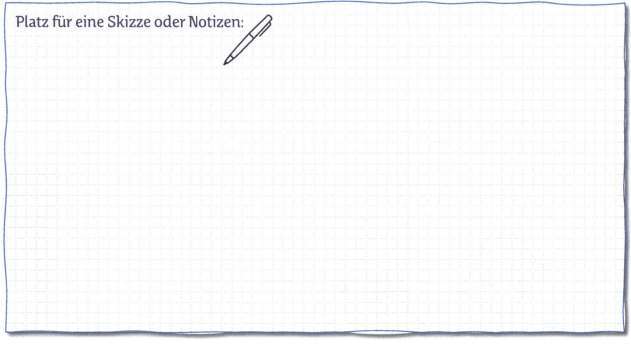

6.4 | Der Mittagstisch – Grundregeln der Menüerstellung | Durchführen

**⑩** Und los geht's! Erstelle nun deine Menükarte für den Mittagstisch. Schaue dir dazu alle Seiten dieser Lernaufgabe an, damit du keinen Schritt übersiehst. Füge gerne hier ein Foto oder eine Skizze deiner Menükarte ein.

Kontrollieren

Die Menükarte ist fertig. Prima! Du hast Annalena sehr gut geholfen.

*Um Feedback zu geben, darfst du dich gerne an den Kriterien orientieren, die du in der Tabelle findest.*

**⑪** Schaue dir zwei Menükarten deiner Mitschülerinnen und Mitschüler an und gib ihnen Feedback.

Diese Rückmeldung habe ich zu meiner Menükarte erhalten:

| Kriterium | 🙂 | 😐 | ☹️ |
|---|---|---|---|
| übersichtlich aufgebaut | | | |
| passend für den Anlass gestaltet | | | |
| Regeln eingehalten | | | |

Das will ich dir noch sagen…

# 6.4 Der Mittagstisch – Grundregeln der Menüerstellung     Bewerten

**12** Reflektiere dein eigenes Arbeitsverhalten, indem du zu jedem Bereich den Satz vervollständigst.

Mir ist enorm leicht gefallen, dass...

------------------------------------------------------

Mir ist sehr schwer gefallen, dass...

------------------------------------------------------

Mir hat besonders viel Spaß gemacht, dass...

------------------------------------------------------

Ich brauche noch Hilfe bei...

------------------------------------------------------

Darüber will ich noch mehr wissen...

------------------------------------------------------

Führe diese Tabelle parallel zu den Lernschritten der Lernaufgabe.

Abschluss

| Nr. | Handlungsprodukte | erledigt am: | Unterschrift |
|-----|-------------------|--------------|--------------|
| 6   | Notizen           |              |              |
| 7   | Menü erstellen    |              |              |
| 10  | Menükarte         |              |              |

## 6.4 Der Mittagstisch – Grundregeln der Menüerstellung — Anhang

### Hauptgerichte

Kräuterrührei mit Schinkenstreifen und Kartoffelplätzchen

Spaghetti Bolognese

Schweinebraten mit Semmelknödeln

Hühnerfrikassee mit Erbsen und Reis

Tomaten-Risotto

Quiche Lorraine mit Beilagensalat

Makkaroni-Gemüseauflauf

Tagliatelle à la Carbonara

Hühnerbrustfilet mit Tomaten-Basilikumsauce, dazu Blumenkohlröschen und Schupfnudeln

Züricher Kalbsgeschnetzeltes mit Champignons und Spätzle

Suche dir hier Speisen für dein Menü aus.

© Krakenimages – stock.adobe.com

### Vorspeisen

Tomatensuppe

Spargelcremesuppe

Kartoffelsuppe mit Nordseekrabben

Parmaschinken mit Melone

Bunter Rohkostsalat

Krabben-Cocktail

Antipasti-Auswahl

Geräucherter Lachs mit Dillsenfsauce

### Desserts

Obstsalat

Zitronentarte

Apfelstrudel mit Vanilleeis

Vanilleeis mit heißen Beeren

Mango-Tiramisu

Crêpes mit Zucker & Zimt

Mousse von dunkler Schokolade

Rote Grütze mit Vanillesoße

# Lernfeld 6: Erbringung berufstypischer Dienstleistungen

Lernaufgabe 6.5: Service für die Gäste

Ich kann ...

- einen Tisch richtig eindecken und Geschirr, Besteck und Gläser korrekt platzieren.
- Grundtechniken des Serviettenfaltens anwenden.
- Tischdekorationen passend zum Anlass auswählen und ansprechend arrangieren.
- Grundregeln des Servierens von Speisen und Getränken umsetzen.
- eine Lernmappe übersichtlich und anschaulich gestalten.

Zeitumfang: 8 Unterrichtsstunden

| 6.5 | Service für die Gäste | Informieren |  |

Annalena arbeitet im Hotelrestaurant „Zum Mügelsberg". Als sie sich den Dienstplan für nächste Woche anschaut, sieht sie, dass sie für die Vorbereitung und den Service einer Veranstaltung eingeteilt wurde. Eine Kollegin erzählt ihr, dass es sich um die Geburtstagsfeier eines Stammgastes handelt und es ein Menü geben wird.

Da Annalena und einige andere Servicekräfte keine bzw. wenig Erfahrung im Veranstaltungsbereich haben, bittet der Restaurantleiter Herr Jochem die Auszubildenden des Hotels um Unterstützung. Sie sollen die bevorstehende Veranstaltung gemeinsam mit den Servicekräften planen und durchführen. Dabei können die Auszubildenden des 3. Lehrjahres ihr Wissen über das Eindecken und Dekorieren von Tischen und das Servieren von Speisen und Getränken an Annalena und die anderen Servicekräfte weitergeben. Herr Jochem stellt ihnen einen passenden Veranstaltungsraum und alle benötigten Materialien zur Verfügung, so dass genügend Zeit zum Üben bleibt.

Annalena freut sich über die Unterstützung der Azubis, gleichzeitig ist sie aber etwas nervös, aus Angst bei der bevorstehenden Geburtstagsfeier Fehler zu machen. Als sie ihrer Freundin von ihren Bedenken erzählt, schlägt diese vor, eine Lernmappe mit allen wichtigen Informationen zu erstellen. „Darin kannst du alles Wichtige festhalten und jederzeit nachschlagen, wenn du etwas vergessen solltest."

© Krakenimages – stock.adobe.com

 ① Analysiere die Situation und mache dir Notizen zur Ausgangslage, zur Problemstellung und zum Arbeitsauftrag.

Notiere dir auch Fragen, Gedanken und Ideen, die wichtig sein könnten.

Lernmappe?
Ein Heft oder eine Mappe mit Fotos und Notizen.

# 6.5 Service für die Gäste — Planen

Die Azubis haben für den heutigen Tag eine Schulung vorbereitet. Dazu treffen sich alle im Veranstaltungsraum „Saar". Sophie, Auszubildende zur Hotelfachfrau, begrüßt alle Anwesenden. Dabei fällt ihr Blick auf Annalena, die gemütliche Alltagskleidung trägt, während alle anderen Arbeitskleidung tragen.

**② Lies dir das Gespräch zwischen Sophie und Annalena zunächst aufmerksam durch und notiere oder markiere wichtige Informationen, die du in deine Lernmappe übernimmst.**

Notizen:

> Guten Morgen und herzlich willkommen zu unserer Schulung. Wir Azubis möchten euch heute gerne einige wichtige Dinge zur Vorbereitung von Veranstaltungen beibringen.

> Ach herrje, das habe ich ja ganz vergessen. Wenn ich im Restaurant arbeite, ziehe ich mich immer vorher um, stimmt. Wir tragen schwarze Hose oder Rock, weiße Bluse und schwarze Weste im Restaurant. Ich weiß von Mitschülern, dass manche auch eine Schürze im Service tragen. Und unsere Restaurantleitung trägt immer einen Anzug.

> Sehr gut! Das stimmt. Wir repräsentieren das Hotel gegenüber unseren Gästen durch ein gepflegtes äußeres Erscheinungsbild. Dazu gehört neben einer ordentlichen Körperpflege eben vor allem eine saubere Arbeitskleidung.

> Außerdem erkennen uns dadurch die Gäste viel besser als Servicepersonal. Durch die Arbeitskleidung wissen sie, dass wir Mitarbeiter des Hotels sind.

> Richtig. Und wenn die Berufskleidung dann auch noch gut aussieht und man sich darin wohlfühlt, arbeitet man doch gleich viel motivierter.

> Ok, das habe ich verstanden. Ich habe aber noch eine Frage zur Arbeit im Restaurant. In der Schule haben wir gelernt, dass insbesondere im Service Teamfähigkeit notwendig ist. Kannst du uns das vielleicht erklären?

**Arbeitskleidung**

> Das stimmt. Es gibt viele Tätigkeiten, die man alleine gar nicht bewältigen könnte. Außerdem macht die Arbeit im Team viel mehr Spaß. Aber das werdet ihr bei der Vorbereitung unserer Veranstaltung selber feststellen. Also lasst uns gerne mit dem nächsten Thema weitermachen. Habt ihr Lust?

*Ruf dir hierzu auch die Informationen aus der Lernaufgabe zu Hygiene in Erinnerung.*

> Super. Ich bin schon gespannt, was als nächstes Thema drankommt!

© Krakenimages – stock.adobe.com

## 6.5 Service für die Gäste — Planen

Als nächstes steht das Eindecken der Tische an. Dazu haben die Azubis bereits alle Tische für die Geburtstagsfeier aufgestellt. Als Einleitung zeigen sie eine Präsentation über Beamer und Leinwand.

**③** Lies die Informationstexte auf den Folien aufmerksam durch und markiere Informationen für deine Lernmappe. Recherchiere gerne zum besseren Verständnis in Fachbüchern oder im Internet.

> Du findest im Anhang weitere Bilder (A1).

---

Zum *Eindecken* gehört das Auflegen der Tischwäsche, der Besteckteile, Gläser und Servietten.

### 1. Tischwäsche:

Als erstes legt man das *Molton* auf den Tisch. Ein Molton ist eine weiche, dickere Tischunterlage. Darüber wird die *Tischdecke* gelegt, so dass an jeder Seite 25–30 cm überhängen. Diese muss knitterfrei sein. Der *Unterbruch* liegt dabei Richtung Tür, daher muss man beim Auflegen der Tischdecke mit dem Rücken zur Tür stehen.

Sind für die Länge einer Tafel mehrere Tafeltücher oder Tischdecken erforderlich, werden diese dachziegelartig überlappend aufgelegt, sodass das neu aufzulegende auf dem bereits liegenden Tafeltuch zu liegen kommt.

1

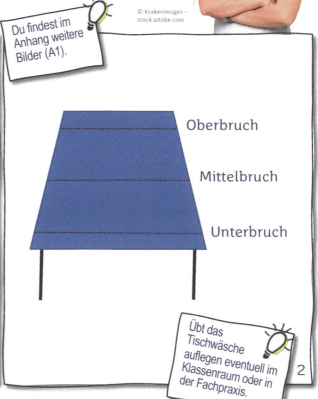

Oberbruch

Mittelbruch

Unterbruch

> Übt das Tischwäsche auflegen eventuell im Klassenraum oder in der Fachpraxis.

2

---

### 2. Tischdekoration:

Blumen und Kerzen werden nach dem Auflegen der Tischdecke platziert. Der Tischschmuck darf nicht höher als 30 cm sein. Blumenschmuck mit Erde darf aus hygienischen Gründen nicht verwendet werden.

3

### 3. Festlegen der Gedeckmitte:

Damit das Servicepersonal die Teller der Gäste problemlos einsetzen kann, muss man beim Eindecken des Tisches die Gedeckmitte festlegen. Der erforderliche Abstand zwischen Messer und Gabel wird durch das Einsetzen eines Platztellers oder einer Serviette ermittelt.

4

# 6.5 Service für die Gäste — Planen

Nun geht es an die Umsetzung. Nachdem Annalena und die anderen Servicekräfte Moltons und Tischdecken aufgelegt haben, wollen sie die Tische dekorieren. Dazu bekommen sie zunächst den Arbeitsauftrag, ihre Idee für eine passende Dekoration aufzumalen. Sophie erinnert alle daran, dass sie die Jahreszeit (Sommer) berücksichtigen müssen. Folgendes Arbeitsblatt liegt dazu aus.

**④** Lies dir den Text durch und male anschließend deine Idee für eine passende Tischdekoration zur Feier eines 50. Geburtstag auf. Übernimm diese auch in deine Lernmappe.

## Arbeitsblatt Anlassbezogene Tisch- & Tafeldekoration

Tische dekorieren:

Wenn ein Tisch für einen besonderen Anlass gedeckt wird, sollte eine passende Tischdekoration nicht fehlen. Die Dekoration schafft Atmosphäre und hat positive Auswirkungen auf die Stimmung der Gäste. Dazu gehören u. a.:

- *Blumen*: Sie können als Blumenstrauß in einer Vase oder als Blumengesteck auf den Tisch gestellt werden. Sie dürfen nicht Teller oder Gläser der Gäste berühren.

- *Kerzen*: Kerzen werden in einem Kerzenständer oder Glas auf den Tisch gestellt und dort angezündet.

- *Tischläufer oder Tischbänder*: Diese werden in der Mitte des Tisches auf das Tischtuch gelegt und haben eine andere Farbe als das Tischtuch.

- *Tischkarten*: Diese informieren den Gast, an welchem Platz er sitzen soll.

Skizziere hier deine Tischdekoration für eine Geburtstagsfeier:

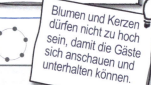
Blumen und Kerzen dürfen nicht zu hoch sein, damit die Gäste sich anschauen und unterhalten können.

Essbereich

Essbereich

© Pixel-Shot – stock.adobe.com

| 6.5 | Service für die Gäste | | Planen | |

Für die Geburtstagsfeier wünscht der Veranstalter die Serviettenform „Einfacher Fächer". Sophie hat dazu einen QR-Code für einen Film vorbereitet, den alle mit dem Handy abscannen können.

https://www.youtube.com/watch?v=r-SQNU-7fes

5) Scanne den nebenstehenden QR-Code ab, um dir die Anleitung anzuschauen. Falte im Anschluss eine Serviette als Fächer, mache ein Foto davon und erstelle eine Schritt-für-Schritt-Anleitung für diese Serviettenform. Foto und Anleitung kannst du in deine Lernmappe übernehmen.

Schritt-für-Schritt-Anleitung zur Erstellung des „Einfachen Fächers":

Sophie hat einen Tipp für dich: Benutze den nebenstehenden QR-Code, der dich zu dem Youtube-Kanal „Servietten falten" leitet. Hier kannst du dir Anleitungen für weitere Serviettenformen anschauen und ausprobieren.

https://www.youtube.com/user/serviettefalten

## 6.5 Service für die Gäste — Planen

Die Tische sind nun dekoriert, die Servietten gefaltet. Endlich kann es ans Eindecken von Besteck, Gläsern und Servietten gehen, freut sich Annalena. Dazu haben die Azubis eine Arbeitsanweisung geschrieben, mit Hilfe derer nun alle Servicekräfte das Eindecken üben.

**6** Lies dir die Anweisung durch. Schau dir im Anschluss den Film per QR-Code dazu an. Mach dir für deine Lernmappe Notizen oder Skizzen am Rand. Du kannst auch ein Foto von einem selbst eingedeckten Tisch machen für deine Lernmappe.

### Wie deckt man Tische fachgerecht ein?

Damit jedem Gast ausreichend Platz zur Verfügung steht, geht man von einer Platzbreite von 80 cm aus.

**Vorgehensweise beim Eindecken:**

1. Den Stuhl ausrichten. Dazu wird der Stuhl in die Mitte des jeweiligen Platzes, mit der vorderen Stuhlkante an der Tischkante, gestellt.

2. Die Serviette in die Mitte des jeweiligen Platzes legen.

3. Das Tafelmesser wird rechts und die Tafelgabel wird links neben die Serviette gelegt. Die Schneide des Messers zeigt dabei zum Teller.

4. Der Löffel für die Suppe, der sogenannte Mittellöffel, wird rechts neben das Tafelmesser gelegt.

5. Anschließend kommen die Bestecke für das Dessert dran: Die Kuchengabel wird mit dem Griff nach links waagerecht oberhalb der Serviette platziert. Der Kaffeelöffel wird darüber gelegt. Ebenfalls waagerecht, aber mit dem Griff nach rechts.

6. Wird ein Glas eingedeckt, so steht es oberhalb der Messerspitze. Werden mehrere Gläser eingedeckt, so steht das Glas, das zuerst gebraucht wird, über der Messerspitze. Die weiteren Gläser stehen rechts und links daneben.

7. Der Brotteller wird als Letztes links des Gedecks hingestellt. Darauf wird ein Messer mit der Schneide nach links gelegt.

Notizen:

https://www.youtube.com/watch?v=rY4RJ2zWIqo

© Nolte Lourens – stock.adobe.com

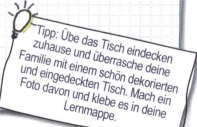
Tipp: Übe das Tisch eindecken zuhause und überrasche deine Familie mit einem schön dekorierten und eingedeckten Tisch. Mach ein Foto davon und klebe es in deine Lernmappe.

## 6.5 Service für die Gäste — Planen

Geschafft! Alle Tische sind vorbereitet und der Restaurantleiter ist mit dem Ergebnis sehr zufrieden. Er schlägt daher vor, dass alle Servicekräfte bei der Vorbereitung und Durchführung der bevorstehenden Geburtstagsfeier helfen dürfen. Annalena freut sich sehr über diese Chance. Allerdings hat sie bisher noch keinerlei Erfahrung im Service von Veranstaltungen. Sie vertraut sich ihrer Kollegin Sophie an und bittet um Hilfe. „Grundsätzlich gelten die Servierregeln immer. Ich habe in der Berufsschule dazu ein Referat gehalten. Wenn du möchtest, bringe ich dir die Unterlagen mit und wir gehen sie gemeinsam durch?", schlägt Sophie vor.

**7** Lies dir nachfolgenden Texte auf den Seiten 63 und 64 aufmerksam durch und markiere wichtige Passagen für deine Lernmappe farbig. Schau dir danach den Film per QR-Code an.

### Servierregeln für Speisen:

Beim Servieren haben sich alle Bewegungsabläufe danach zu richten, dass der Gast nicht gestört wird und gleichzeitig das Servicepersonal möglichst ungehindert arbeiten kann. Serviert wird von der rechten oder der linken Seite des Gastes. Nach Möglichkeit wird dabei in Blickrichtung weitergegangen. Ehrengäste werden immer zuerst bedient. Man bedient grundsätzlich alt vor jung und Dame vor Herr, Ehrengäste zuerst, Gastgeber zum Schluss. Sitzen kleinere Kinder am Tisch, sollten sie vor den Erwachsenen ihre Speisen und Getränke erhalten.

Beim Tragen oder Abräumen von Speisen auf Tellern ist darauf zu achten, dass nicht zu viel Geschirr auf einmal getragen wird. Die linke Hand ist dabei immer die Tragehand, die rechte Hand die Arbeitshand.

#### Teller einsetzen:

Stelle dich rechts hinter deinen Gast. Halte die linke Hand mit den zwei Tellern hinter den Rücken des Gastes. Nimm den oberen Teller in die rechte Hand und stelle ihn von rechts vor den Gast. Gehe nun vorwärts im Uhrzeigersinn zum nächsten Gast. Nimm den Teller von der linken Hand in die rechte Hand und stelle den Teller von rechts vor dem Gast ab.

#### Teller tragen:

Stelle dich gerade hin und winkle den linken Unterarm an. Strecke Daumen, Zeigefinger und Mittelfinger aus. Knicke nun den Ringfinger und den kleinen Finger nach oben. Stelle einen Teller auf den Zeigefinger, Mittelfinger und Ringfinger. Lege den Daumen auf den Rand des Tellers. Den zweiten Teller stellst du auf dein Handgelenk, den Daumen sowie den hochgestellten kleinen Finger. Der Teller benötigt drei Auflageflächen, damit er Halt hat. Dieser Griff heißt *Obergriff*.

#### Teller abräumen:

Mit dem Abräumen kann begonnen werden, wenn der letzte Gast am Tisch seine Mahlzeit beendet hat. Dies ist meist daran zu erkennen, dass er sein Besteck auf die rechte Seite des Tellers gelegt hat. Das Abräumen einzelner Geschirrteile heißt „ausheben". Stelle dich rechts zum Gast und frage: „Hat es Ihnen geschmeckt?". Nimm den Teller mit der rechten Hand und gib ihn in die linke Hand. Halte den Teller im Obergriff. Gehe vorwärts zum nächsten Gast. Nimm den Teller mit der rechten Hand und stelle ihn auf den Daumen, den kleinen Finger und das Handgelenk der linken Hand.

## 6.5 Service für die Gäste — Planen

### Servierregeln für Getränke:

#### Arbeiten an der Theke:

Die meisten gastronomischen Betriebe mit einem Restaurant haben eine Theke. Diese heißt auch Buffet. An der Theke arbeiten Thekenkräfte, die die Getränke zubereiten. Auf der Theke werden Getränke in Gläser ausgeschenkt, die die Servicekräfte zu den Gästen bringen.

Gläser werden in Anwesenheit von Gästen immer auf einem Tablett transportiert. Das Einsetzen geschieht von rechts. Bei Henkelgläsern wird der Henkel nach rechts ausgerichtet. Bei Tischen ohne Tischwäsche werden Untersetzer benutzt. Die Gläser werden beim Einsetzen immer im untersten Bereich des Stiels oder am Henkel angefasst. Gläser, Flaschen und Karaffen müssen sauber sein.

Flaschen werden mit den passenden Gläsern auf einem Tablett zum Tisch des Gastes gebracht. Sie dürfen erst am Beistelltisch geöffnet werden.

Bei Bier kann das Glas zum besseren Einschenken in der Hand gehalten werden. Danach wird die Flasche rechts oberhalb des Glases eingesetzt, das Etikett zeigt dabei zum Gast.

Aufgussgetränke werden in vorgewärmten Tassen auf einem kleinen Tablett mit den passenden Zugaben (z. B. Zucker, Feingebäck) serviert.

#### Gläser tragen:

Nimm ein Tablett in die linke Hand und stelle die benötigten Gläser drauf. Hohe Gläser stellst du in die Mitte, damit sie nicht umfallen. Die Daumen greifen um den Tablettrand herum. Das Tablett darf nicht deine Kleidung berühren.
Halte das Tablett zuerst mit beiden Händen fest. Wenn du mehr Sicherheit hast, halte es nur mit der linken Hand. Mit der rechten Hand servierst du Gläser. Greife niemals mit den Fingern in ein Glas oder an den Glasrand.

#### Gläser abräumen:

Gläser werden in Anwesenheit der Gäste immer mit einem Tablett abgeräumt. Schmutzige Gläser werden erst abgeräumt, wenn der Gast gegangen ist oder wenn ein neues Getränk serviert wird. Sie werden von rechts ausgehoben.

**8** Übe die Servierregeln mit Mitschülerinnen und Mitschülern deiner Klasse, indem du abwechselnd in die Rolle von Gast und Servicekraft schlüpfst.

Mache Fotos für deine Lernmappe und klebe sie ein.

© Ekkasit A Siam – stock.adobe.com

© kalinichenkod – stock.adobe.com

percent – stock.adobe.com

| 6.5 | Service für die Gäste | | Entscheiden |  |

Die Planung ist abgeschlossen. Annalena fühlt sich nun gut vorbereitet und freut sich auf die Geburtstagsfeier in der nächsten Woche. Damit sie nichts vergisst, möchte sie Sophies Vorschlag umsetzen und aus den gesammelten Informationen eine Lernmappe erstellen. Nun muss sie sich entscheiden, wie diese aussehen soll.

**9** Entscheide, wie deine Lernmappe aussehen soll.
- Wie sieht sie von außen aus (Deckblatt/Rücken)?
- Welche Informationen gehören hinein?
- Wie möchtest du sie aufbauen (Gliederung/Reihenfolge)?
- Möchtest du Fotos, Skizzen oder anderes Material verwenden?

© percent – stock.adobe.com

Ideensammlung für deine Lernmappe:

*Um dir die einzelnen Schritte deiner Planung nochmal in Erinnerung zu rufen, kannst du die vorhergehenden Seiten der Lernaufgabe anschauen.*

Durchführen

**10** Und los geht's. Erstelle deine Lernmappe.

Schau dir dazu alle Seiten dieser Lernaufgabe an, damit du keinen Schritt übersiehst.

6.5 Service für die Gäste — Kontrollieren

Ihr habt eure Lernmappen erstellt.

 Tauscht eure Ergebnisse untereinander aus und korrigiert euch gegenseitig.

Schau dir die Lernmappen deiner Mitschüler an und gib zwei Mitschülern ein Feedback. Zwei Mitschüler werden dir eine Rückmeldung schreiben.

Denkt dran: Immer fair und objektiv bleiben.

Diese Rückmeldungen habe ich erhalten:

| Kriterien | ☺ | 😐 | ☹ |
|---|---|---|---|
| verständlich | | | |
| vollständig | | | |
| dekorativ gestaltet | | | |

Rückmeldung von: _____ & _____

Folgende Kritikpunkte habe ich aufgegriffen und in meiner Ausarbeitung verändert:

-

-

-

| 6.5 | Service für die Gäste | | Bewerten |  |

**12** Reflektiere nun deine Arbeit mithilfe folgender Fragen.

Das ist mir leicht gefallen:

Das war o.k.:

Das möchte ich noch verbessern:

Die Arbeitsaufträge waren:

Abschluss

Meine drei wichtigsten Erkenntnisse sind:
1.
2.
3.

Und nun bitte noch ein Feedback an deine Lehrkräfte.
Schreib eine kurze Rückmeldung und kreuze die Daumen an.
War die Lernaufgabe verständlich?

Hat dir die Lernaufgabe Freude gemacht?

Vielen Dank für das Feedback!

Zum Abschluss noch ein Feedback von der Lehrkraft an dich.

# 6.5 Service für die Gäste — Üben

## Übungsaufgabe

Lies dir das Gespräch zwischen Annalena und Sophie zunächst aufmerksam durch. Bearbeite im Anschluss das Arbeitsblatt auf der nächsten Seite.

**Annalena:** Hallo Sophie, Herr Jochem meinte, dass du dich mit dem Eindecken von Tischen auskennst?

**Sophie:** Ja, das stimmt. Ich arbeite viel im Restaurant. Da bin ich jeden Tag für's Eindecken zuständig. Wie kann ich dir helfen?

**Annalena:** Nächste Woche findet hier im Hotel eine Geburtstagsfeier statt und ich bin dafür zuständig, den Tisch zu decken. Kannst du mir das Wichtigste nochmal zusammenfassen?.

**Sophie:** Also das Wichtigste beim Eindecken ist die korrekte Anordnung des Geschirrs und des Bestecks. Die Anordnung ist abhängig von der Speisenfolge. Was soll es denn geben?

**Annalena:** Als erstes gibt es eine Suppe, danach eine Vorspeise. Dann kommt das Hauptgericht und zum Schluss gibt es ein Dessert.

**Sophie:** Der Klassiker also. Gut, fangen wir mit den Tellern an. Diese werden so übereinander gestellt, dass sie in der Speisefolge von oben nach unten benutzt werden. Das heißt in deinem Fall, dass an oberster Stelle der Suppenteller steht, darunter der kleine Vorspeiseteller und darunter der große Teller für die Hauptspeise. Der Dessertteller wird in der Regel erst mit dem Dessert serviert und steht nicht auf dem Tisch.

**Annalena:** Und das Besteck?

**Sophie:** Hier gilt: Die Gabeln liegen links, Messer und Löffel liegen rechts neben dem Teller. Auch hier musst du auf die Menüfolge achten. Das Besteck wird in der Menüfolge von außen nach innen benutzt. Das heißt, rechts außen liegt der Suppenlöffel, in der Mitte das Vorspeisenmesser und innen das Messer für die Hauptspeise. Auf der linken Seite liegen die Gabeln in entsprechender Reihenfolge. Das Dessertbesteck hat oberhalb der Teller seinen Platz.

**Annalena:** Gut. Jetzt fehlen noch die Gläser.

**Sophie:** Die Gläser werden auf der rechten Seite schräg zu den Tellern platziert. In der Regel wird zuerst Weißwein zum Essen gereicht, später dann Rotwein. Somit steht das Weißweinglas schräg vor dem Rotweinglas. An vorderster Stelle steht das Wasserglas.

**Annalena:** Ok, was ist mit der Serviette und der Platzkarte?

**Sophie:** Die gefaltete Serviette legst du auf den obersten Teller bzw. auf den Platzteller, wenn keine Teller eingedeckt werden. Für die Platzkarte gibt es keine genauen Vorschriften. Sie steht meistens über dem Dessertbesteck.

**Annalena:** Super. Vielen Dank für deine Hilfe! Das waren jetzt aber ganz schön viele Infos. Ich hoffe, ich kann mir das alles merken!

**Sophie:** Das ging mir am Anfang auch so. Ich habe mir dann einfach einen Plan erstellt. Warte mal kurz! Irgendwo habe ich den noch gespeichert. Ich schicke ihn dir zu.

**Annalena:** Das wäre echt toll! Danke!

**Sophie:** Gerne.

| 6.5 | Service für die Gäste | | Üben |

Hilf Annalena, Sophies Anleitung zu beschriften. Orientiere dich hierbei an den Informationen aus dem Gespräch zwischen Annalena und Sophie.

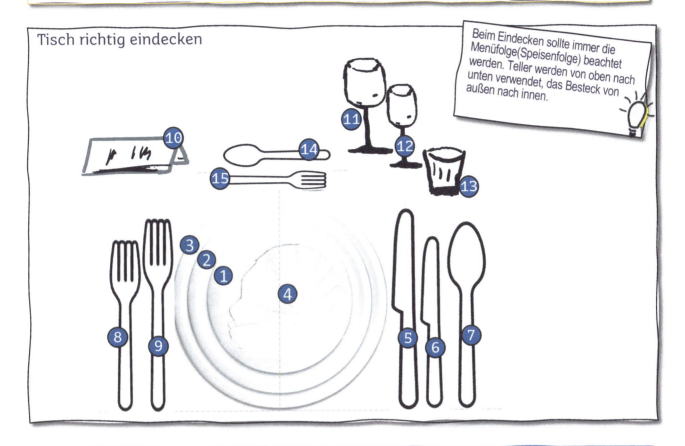

1) _____

2) _____

3) _____

4) _____

5) _____

6) _____

7) _____

8) _____

9) _____

10) _____

11) _____

12) _____

13) _____

14) _____

15) _____

Ü2

## 6.5 Service für die Gäste — Anhang

Alle Tische wurden von Schülerinnen und Schülern des TG BBZ 2 Saarbrücken im Schulrestaurant eingedeckt.

In Lernfeld 6 habe ich Lernaufgaben zur Erbringung berufstypischer Dienstleistungen bearbeitet.

BERUFSFACHSCHULE - FACHSTUFE II

# BERUFLICHE KOMPETENZ

Fachrichtung Gastronomie und Nahrung

## LERNFELD 7

Ausgewogene und bedarfsgerechte Ernährung von Kunden und Gästen

© imphilip – stock.adobe.com

© Jacob Lund – stock.adobe.com
© Krakenimages.com – stock.adobe.com

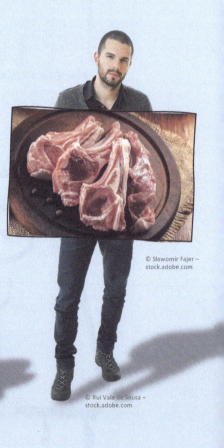
© Sławomir Fajer – stock.adobe.com
© Rui Vale de Sousa – stock.adobe.com

## Lernaufgaben

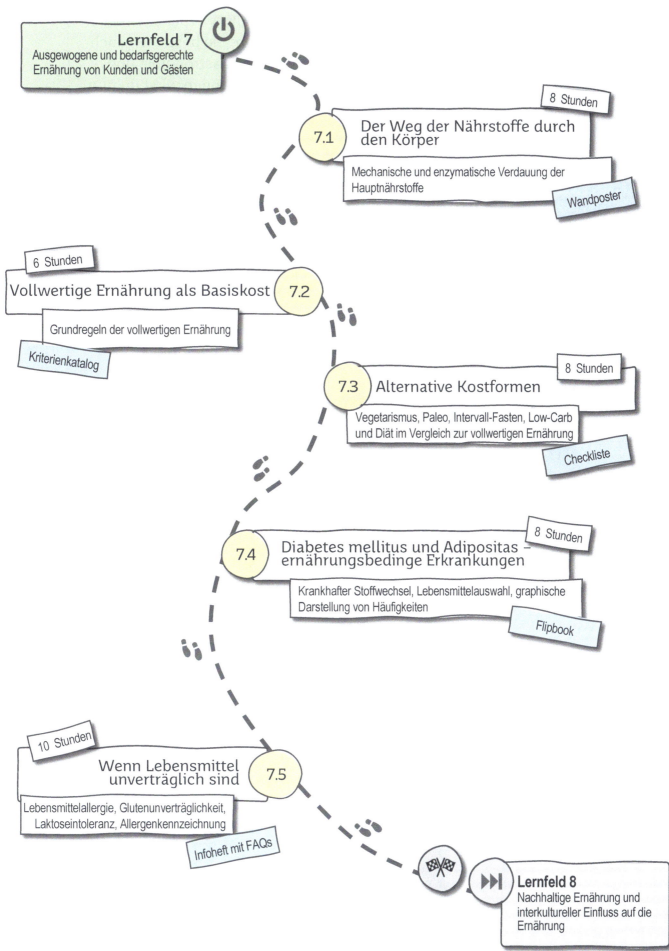

### Annalena, Celina und Mika

Annalena, Celina und Mika werden dich durch die Lernaufgaben führen. Sie besuchen auch die Berufsfachschule für Gastronomie und Nahrung. Gemeinsam mit ihnen wirst du nun auch in der BFS II viel Neues lernen.

Celina absolvierte ihr Praktikum in der Bäckerei und arbeitete dabei immer selbstständiger. Vor allem im Umgang mit den verschiedenen Kundentypen wurde Celina dann auch immer sicherer. Sie kann sich sehr gut vorstellen, nach ihrem Abschluss im Nahrungsbereich eine Ausbildung zu beginnen.

Annalena entschied sich für ein Praktikum im Restaurant und stellte sehr schnell fest, dass diese Entscheidung für sie genau richtig war. Je mehr Aufgaben Annalena selbstständig durchführen durfte, desto mehr Freude machten ihr der Umgang mit den Gästen und die kreativen Arbeiten im Service.

Mika fühlte sich in der Fleischerei von Anfang an sehr wohl und auch nach einem Jahr Praktikum hat sich dieser Berufswunsch bestätigt. Die vielen Möglichkeiten Fleischwaren herzustellen, zu behandeln und hier eigene Ideen zu verwirklichen, faszinieren Mika sehr.

In den Lernaufgaben löst du berufliche Aufgabenstellungen nach dem Prinzip der „vollständigen Handlung".

Um Arbeitsaufträge und Problemstellungen zu bewältigen, brauchst du <u>Strategien</u>! Damit du dir gute Strategien aneignen kannst, bearbeitest du Lernaufgaben nach dem Prinzip der „vollständigen Handlung".
Idealerweise geht man so in einem Beruf vor, um Arbeitsaufträge erfolgreich zu meistern.
Wenn du in den kommenden Lernfeldern immer wieder Aufträge und Problemstellungen in der vollständigen Handlung löst, wirst du viele Kompetenzen aufbauen.
Du wirst schließlich viel <u>wissen</u> und viel <u>können</u>! Aber du musst auch **wollen**!

➪ Dann bist du kompetent und kannst herausfordernde Probleme lösen.

Was willst du?
Ich nehme mir im Lernfeld 7 „Ausgewogene und bedarfsgerechte Ernährung von Kunden und Gästen" das Folgende vor:

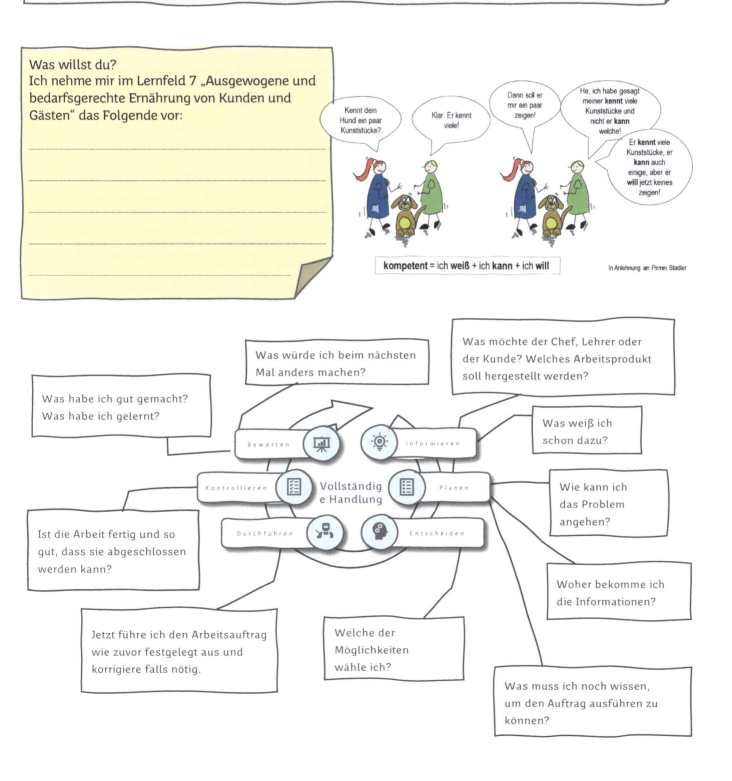

## Lernfeld 7: Ausgewogene und bedarfsgerechte Ernährung von Kunden und Gästen

Lernaufgabe 7.1: Der Weg der Nährstoffe durch den Körper

Ich kann ...

- ... Aufbau und Funktion der Nährstoffe Kohlenhydrate, Eiweiße, Fette, Ballaststoffe, Mineralstoffe und Vitamine erläutern.

- ... den Weg der Nahrung durch die einzelnen Organe des Körpers darstellen.

- ... Vorgänge während der Verdauung den Verdauungsorganen zuordnen.

- ... die Begriffe „Verdauung", „mechanische und enzymatische Verdauung" sowie „Enzyme" erklären.

- ... die Verdauungssäfte, deren Bildungsort und deren Wirkungsort nennen.

- ... die allgemeine Wirkungsweise von Enzymen skizzieren und kenne deren Eigenschaften.

- ... den enzymatischen Abbau der Hauptnährstoffe bei der Verdauung des Menschen beschreiben.

Zeitumfang: 8 Unterrichtsstunden

# 7.1 Der Weg der Nährstoffe durch den Körper — Informieren

Celina denkt über ihr Praktikum nach. Sie findet die Zeit noch immer sehr spannend und aufregend. Und was sie bisher schon alles gelernt hat!

Als sie sich die vielen Steckbriefe, Plakate etc. anschaut, die sie im Laufe ihrer BFS-Zeit im Fach BK erstellt hat, fallen ihr die Nährstoffmappe und die Buddy Books zu den Vitaminen und Mineralstoffen der Lernaufgaben 4.2 und 4.3 in die Hände. Gestern hat Jasmin, eine Arbeitskollegin von Celina, noch berichtet, dass der Arzt bei ihr einen Eisenmangel im Blut festgestellt hat. Celina wunderte sich darüber, da gerade Jasmin sich sehr gesund ernährt. Celina ernährt sich, seit sie im Fach BK so viel über die Ernährung lernt, ebenfalls viel gesünder. Sie kennt die Hauptnährstoffe und ihre wesentlichen Funktionen im Körper und achtet darauf, diese in ihrem täglichen Speiseplan einzubauen. Aber wie diese Nährstoffe nun im Körper aufgenommen werden und an die richtigen Stellen gelangen, das weiß Celina nicht.

Celina beschließt, sich über den Weg der Nahrung durch unseren Körper und die Aufnahme der Nährstoffe auf diesem Weg zu informieren. Diese Informationen will Celina als Wandposter übersichtlich darstellen und in ihrer Klasse aufhängen.

**1** Informiere dich über das Szenario und notiere hier alle wichtigen Informationen in Stichpunkten.

*Dokumentiere von Beginn an deine Arbeitsschritte in der Tabelle auf Seite 91.*

**2** Gibt es noch weitere Informationen, die wichtig sein könnten? Versetze dich dazu in Celinas Lage.

# 7.1 Der Weg der Nährstoffe durch den Körper — Planen

Beim Durchblättern der Nährstoffmappe und der Buddy Books fällt Celina auf, dass sie gar nicht mehr alles so genau weiß, was sie da an Informationen zusammengestellt hatte. Sie liest sich alle nochmal genau durch.

**3**

Schließe dich mit deinen Mitschülerinnen und Mitschülern zu einer Dreiergruppe zusammen.

Einigt euch, welches Gruppenmitglied sich welche beiden Nährstoffe nochmal genauer anschaut. Zur Auswahl stehen:

1. Kohlenhydrate und Fette (beides in der Nährstoffmappe der LA 4.2)
2. Eiweiße (in der Nährstoffmappe der LA 4.2) und Ballaststoffe (TE 4.2, Seite 3)
3. Vitamine und Mineralstoffe (Buddy Books der LA 4.3)

**LA** ist die Abkürzung für „**L**ern**a**ufgabe" und **TE** die für „**T**hematische **E**inheit"

Gerne könnt ihr euch als Gedankenstütze Notizen zu Aufbau und Funktion der Nährstoffe machen.

Nachdem jeder der Gruppe sich „seine" Nährstoffe nochmal genau in Erinnerung gerufen hat, stellt ihr euch gegenseitig alle Nährstoffe vor.

Jedes Gruppenmitglied sollte für die Vorstellung „seines" Nährstoffs ca. fünf Minuten benötigen.

**Platz für Notizen:**

78

# 7.1 Der Weg der Nährstoffe durch den Körper — Planen

Ach ja, jetzt ist für Celina wieder alles klar über Aufbau und Funktion der Nährstoffe. Sie will sich nun über den Weg der Nahrung durch den Körper informieren. Ihre Lehrerin, die Celina unterstützt, spricht von dem Weg der Verdauung. Celina schreibt sich die einzelnen Stationen der Verdauung heraus. Aber was ist das? Da ist einiges durcheinander geraten. Hilfst Du Celina dabei wieder Ordnung zu schaffen?

© imphilip – stock.adobe.com

*Ein **Fließdiagramm** (oder auch **Flussdiagramm** genannt) ist ein Schaubild, mit dessen Hilfe Vorgänge schematisch dargestellt werden.*

**4** Lies dir die Verdauungsorgane (gelb markiert) und die Infoboxen durch. Notiere unklare Wörter im blauen Kasten. Im Laufe dieser Lernaufgabe werden sie sich sicher klären. Von deiner Lehrkraft erhältst du eine Kopie der Kästchen (s. Seite 94), schneide alle aus und ordne die Verdauungsorgane den Beschreibungen in den Infoboxen zu.

Wähle danach die richtige Reihenfolge der Verdauungsschritte und vervollständige anschließend das Fließdiagramm auf Seite 80 mit deinen ausgeschnittenen Kästchen. Schau, der Anfang ist bereits gemacht...

*Bevor du aufklebst, vergleiche mit deinem Banknachbarn.*

---

Dies ist der letzte Teil des Verdauungssystems. Mithilfe von Bewegungen wird der Speisebrei durchmischt und die Darmwand entzieht dem Speisebrei noch enthaltene Vitamine, Mineralstoffe und Wasser. Die hier lebenden Bakterien, die Darmflora, spalten einen Teil der Nahrungsreste auf. Dabei können übelriechende Gase entstehen. Der übrig bleibende Rest der Nahrung, der Kot, sammelt sich im letzten Teil des Organs und wird mithilfe eines Schließmuskels, dem After, ausgeschieden.

Hier beginnt die Verdauung der Eiweiße durch den **Magensaft**. Mahlende Bewegungen durchmischen das Essen mit dem sauren Verdauungssaft.

**Dünndarm**   **Dickdarm**

In den Drüsen der Darmwand wird der **Dünndarmsaft** gebildet, der Kohlenhydrate und Eiweiße spalten kann. Der Speisebrei aus dem Magen wird mit diesem Verdauungssaft und den Säften aus Galle und Bauchspeicheldrüse vermischt. Mithilfe der drei Verdauungssäfte wird die in Mund und Magen begonnene Verdauung fortgesetzt und die Nährstoffe aus der Nahrung werden in kleinste Bausteine aufgespalten. Über die Darmwand gelangen die Nährstoffe ins Blut und weiter in den Körper. Die Muskeln der Darmwand bewegen sich wellenartig und schieben die restliche, noch unverdaute Nahrung weiter.

Die Leber produziert **Gallensaft**, der teilweise hier gesammelt wird oder direkt in den Dünndarm gelangt. Die im Gallensaft enthaltenen Gallensäuren trennen Fett in kleinste Tröpfchen auf, so dass Fett leichter in seine Bestandteile gespalten werden kann.

Wellenförmige Kontraktionen (wie eine Schlange, die ihre Beute verschlingt) sorgen dafür, dass die Nahrung nach dem Schlucken in den Magen transportiert wird. Am unteren Ende befindet sich ein Ringmuskel, der als eine Art Ventil dient. Er öffnet sich, um Essen und Flüssigkeiten in den Magen zu lassen. Verschlossen stellt er sicher, dass der Mageninhalt nicht zurückfließt.

Der hier gebildete **Bauchspeicheldrüsensaft** neutralisiert den sauren Speisebrei aus dem Magen und enthält verschiedene Verdauungsenzyme, die Kohlenhydrate, Eiweiße und Fette in kleinste Bausteine spalten.

**Bauchspeicheldrüse**   **Magen**   **Gallenblase**

---

Notizzettel für unklare Wörter:

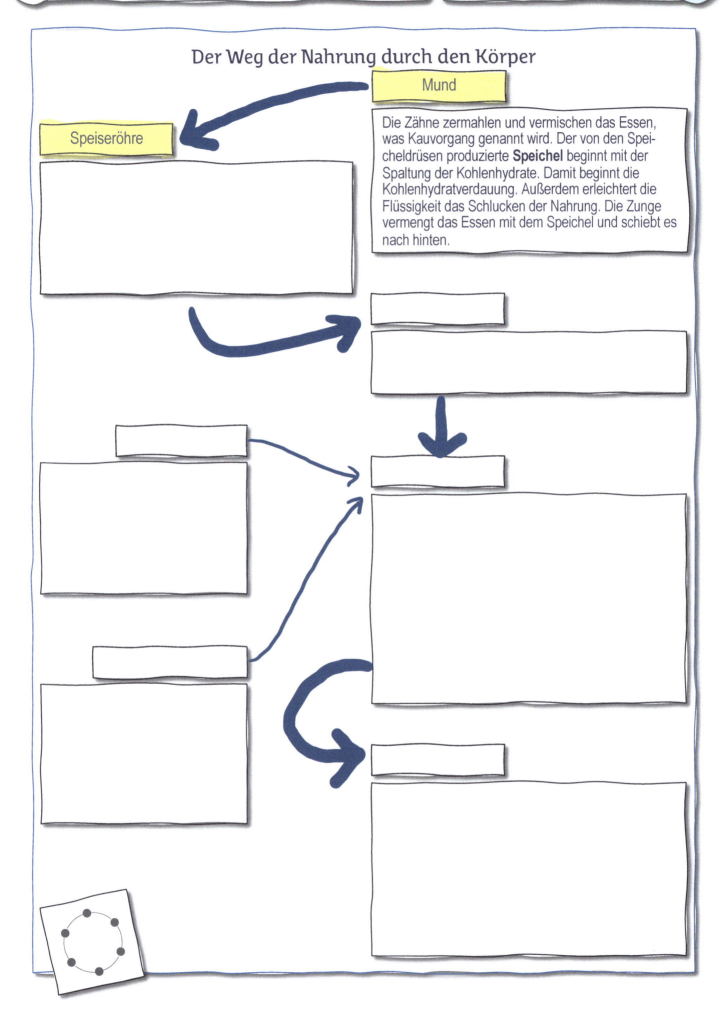

# 7.1 Der Weg der Nährstoffe durch den Körper — Planen

„Da passiert ja ganz schön viel mit meinem Müsli in meinem Körper!", denkt Celina. Sie schaut sich die Abbildung an, auf der die Verdauungsorgane im menschlichen Körper dargestellt sind.

**5** Benenne mithilfe deines Fließdiagramm auf Seite 80 die Verdauungsorgane.

Die Verdauungsorgane:

Bist du dir unsicher? Dann schau dir doch folgendes Video an:
https://youtu.be/CN_CRkAgfvY

| 7.1 | Der Weg der Nährstoffe durch den Körper | Planen |  |

In ihrem Fließdiagramm hat Celina häufig geschrieben, dass bei der Verdauung die Nährstoffe in ihre kleinsten Bausteine gespalten werden. Wie das funktioniert, möchte sie nun herausfinden.

**6** Lies den folgenden Informationstext aufmerksam durch und schreibe dir die Bedeutung der wichtigen Begriffe heraus. Greife hier natürlich auch auf dein bisheriges Wissen zu diesem Thema zurück.

### Verdauung der Nährstoffe

Unter *Verdauung* versteht man die Zerlegung der Nährstoffe (Kohlenhydrate, Eiweiße, Fette) in ihre kleinsten Bausteine, damit sie vom Körper aufgenommen werden können. Bei der Verdauung unterscheidet man die *mechanische Verdauung*, das ist die Zerkleinerung der Nahrung durch Bewegungen und die *enzymatische Verdauung*. Das ist die Zerlegung der Nährstoffe in ihre Einzelbausteine mithilfe von Enzymen. *Enzyme* sind Stoffe, die bei der Verdauung die Nährstoffe in ihre Einzelbausteine spalten und die in den Verdauungssäften enthalten sind.

Definitionen:

Verdauung:


   Nenne ein Beispiel dazu:

Mechanische Verdauung:


   Nenne ein Beispiel dazu:

Enzymatische Verdauung:



Enzyme:

| 7.1 | Der Weg der Nährstoffe durch den Körper | Planen |

Enzyme kommen also in den Verdauungssäften vor. So spontan fallen Celina die Verdauungssäfte gar nicht mehr alle ein. Sie schaut sich nochmal ihr Fließdiagramm an und schreibt sich die Verdauungssäfte mit deren Aufgaben heraus.

**7** Lies dir das Fließdiagramm auf Seite 80 nochmals durch, ziehe einen Rahmen um die Namen der Verdauungssäfte und unterstreiche in <u>grüner</u> Farbe die Verdauung der <u>Kohlenhydrate</u>, in <u>roter</u> Farbe die Verdauung der <u>Eiweiße</u> und in <u>blauer</u> Farbe die Verdauung der <u>Fette</u>.

Ergänze mithilfe deiner Markierungen im Fließdiagramm auf Seite 80 und der Abbildung der Verdauungsorgane auf Seite 81 die folgenden Lernkästchen.

---

Der **Speichel** enthält Enzyme, die _____ _____.

Die _____ beginnt im _____. Gebildet wird der Speichel in den _____.

---

Der **Magensaft**, der im _____ gebildet wird, enthält Enzyme, die

_____ _____.

---

In den Dünndarm werden zwei Verdauungssäfte abgegeben:

a) der _____ aus der _____, der in der _____

gebildet wird, trennt Fett in _____ _____ _____,

so dass Fett leichter in seine Bestandteile gespalten werden kann.

b) der _____ aus der _____, der den

sauren Speisebrei aus dem Magen _____ und

_____, _____ und _____ in kleinste Bausteine spaltet.

Außerdem wird in den Drüsen der Darmwand der _____ gebildet, der

_____ und _____ spaltet.

| 7.1 | Der Weg der Nährstoffe durch den Körper | | Planen |  |

Celina weiß nun, dass die Mundspeicheldrüsen, der Magen, die Leber, die Bauchspeicheldrüse und der Dünndarm Enzyme enthalten, die die Nährstoffe in ihre kleinsten Bausteine zerkleinern. Aber wie funktioniert das genau?

**8** Schaue dir die Bildergeschichte an. Formuliere das Dargestellte auf der nächsten Seite in eigenen Worten.

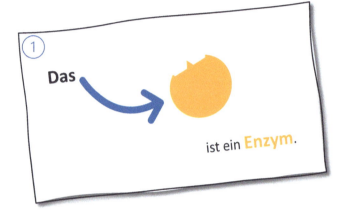

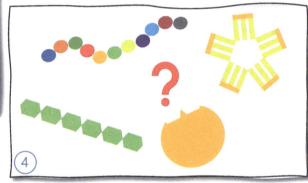

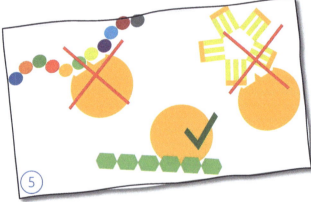

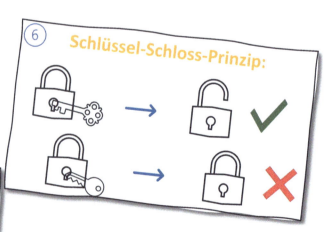

# Enzyme

# 7.1 Der Weg der Nährstoffe durch den Körper — Planen

Im Allgemeinen hat Celina verstanden, wie Enzyme arbeiten. Aber was machen sie denn im Speziellen während der Verdauung? Das schaut sie sich genauer an.

**9** Schau dir die Infoboxen an und zeichne in den Abbildungen auf der nächsten Seite ein, an welchen Stellen die Enzyme im Körper arbeiten. Der Anfang ist bereits gemacht.

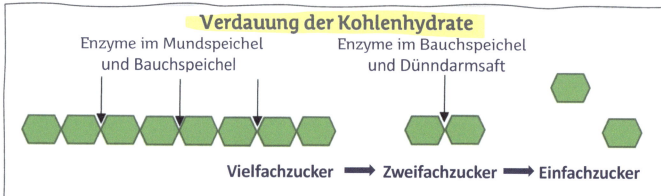

**Verdauung der Kohlenhydrate**

Enzyme im Mundspeichel und Bauchspeichel — Enzyme im Bauchspeichel und Dünndarmsaft

Vielfachzucker ➡ Zweifachzucker ➡ Einfachzucker

Enzyme im Mundspeichel, im Bauchspeichel und im Dünndarmsaft zerlegen Kohlenhydrate in ihre kleinsten Bausteine. Die Vielfachzucker werden dabei zunächst in Zweifachzucker und abschließend in Einfachzucker gespalten.

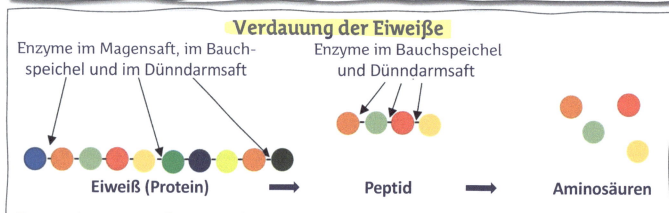

**Verdauung der Eiweiße**

Enzyme im Magensaft, im Bauchspeichel und im Dünndarmsaft — Enzyme im Bauchspeichel und Dünndarmsaft

Eiweiß (Protein) ➡ Peptid ➡ Aminosäuren

Enzyme im Magensaft, im Bauchspeichel und im Dünndarmsaft zerlegen Eiweiße in ihre kleinsten Bausteine. Aus Eiweißen werden Peptide und schließlich Aminosäuren.

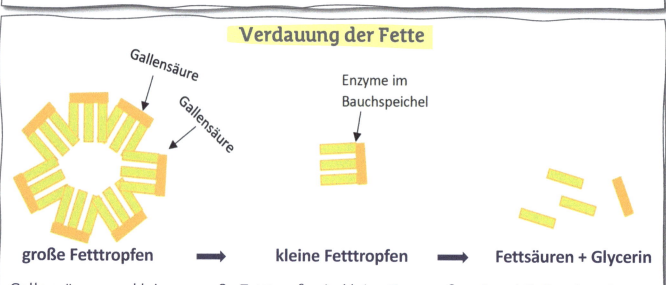

**Verdauung der Fette**

Gallensäure — Gallensäure — Enzyme im Bauchspeichel

große Fetttropfen ➡ kleine Fetttropfen ➡ Fettsäuren + Glycerin

Gallensäuren zerkleinern große Fetttropfen in kleine Fetttropfen. Anschließend spalten Enzyme im Bauchspeichel die Fette in Glycerin und Fettsäuren.

# 7.1 Der Weg der Nährstoffe durch den Körper — Planen

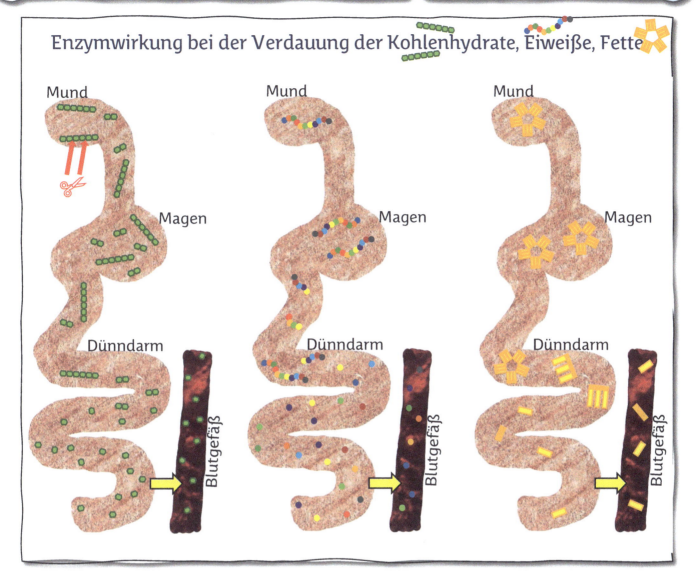

**10** Fasst zusammen: Kreuzt an, in welchen Organen die Nährstoffe in ihre kleinsten Bausteine gespalten und somit verdaut werden.

|  | Kohlenhydrate | Eiweiße | Fette |
|---|---|---|---|
| Mund |  |  |  |
| Magen |  |  |  |
| Dünndarm (Gallensaft) |  |  |  |
| Dünndarm (Bauchspeichel) |  |  |  |
| Dünndarm (Dünndarmsaft) |  |  |  |

| 7.1 | Der Weg der Nährstoffe durch den Körper | | Entscheiden |  |

Celina hat alle notwendigen Informationen zusammen. Nun überlegt sie, welche Informationen sie auf ihrem Poster darstellen möchte und wie sie es gestalten möchte.

 **11** Überlege dir, wie das Poster gestaltet werden kann, das anschaulich den **Ablauf der Verdauung** zeigt. Denke bei der Darstellung an ...

... die Verdauungsorgane und deren Aufgaben,

... die Verdauungssäfte mit deren Bildungsort, deren Funktion und Wirkungsort.

Mach dir auf einem separaten Blatt Notizen.

Hier einige Beispiele, wie ein solches Poster aussehen kann:

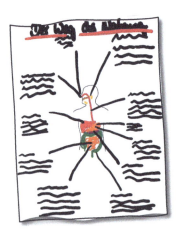
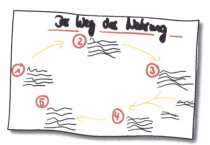
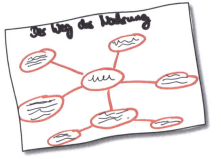

*Orientiere dich gerne an diesen Beispielen oder bringe deine eigenen Ideen zur Gestaltung deines Posters ein.*

Durchführen

Celina hat sich für Inhalt und Gestaltung ihres Posters entschieden. Nun kann es endlich mit dem Erstellen losgehen.

 **12** Gestalte dein dekoratives und informatives Poster zum Ablauf der Verdauung.

Nutze dazu ein DIN-A3-Blatt.

# 7.1 Der Weg der Nährstoffe durch den Körper — Kontrollieren

Nun ist Celina mit dem Erstellen ihres Posters fertig. Sie zeigt es Mika und bittet ihn um seine Meinung dazu.

© imphilip – stock.adobe.com  © Rui Vale de Sousa – stock.adobe.com

**13** Tausche dein Poster mit dem Poster deiner Backnachbarin oder deinem Banknachbarn aus und gebt euch gegenseitig Feedback.

Lass dein Feedback zu deinem Poster unten festhalten.

---

### Bewertung des Posters zum Ablauf der Verdauung

Male die Sterne an (5 Sterne = alles super, 0 Sterne = das war leider nichts).

Das Poster …

… ist übersichtlich: ☆☆☆☆☆

… ist dekorativ gestaltet: ☆☆☆☆☆

… enthält alle Verdauungsorgane und deren Aufgaben: ☆☆☆☆☆

… enthält alle Verdauungssäfte mit Bildungsort, Funktion und Wirkort: ☆☆☆☆☆

… enthält KEINE Fehler: ☆☆☆☆☆

Das möchte ich dir außerdem noch rückmelden:

_____

_____

---

Folgende Veränderungen habe ich nach dem Feedback an meinem Poster noch vorgenommen:

| 7.1 | Der Weg der Nährstoffe durch den Körper | | Bewerten  |

Celina ist nun mit ihrem Poster sehr zufrieden. Vielen Dank für deine Unterstützung.

**14** Reflektiere nun dich und dein Arbeiten mithilfe folgender Sätze.

Mein <u>eigenes</u> Arbeitsverhalten:

| 🙂 Das ist mir leicht gefallen. | Das nehme ich mit. 🧳 |
|---|---|
| 💡 Das habe ich gelernt. | Das ist mir schwer gefallen. 🙁 |

Die <u>Zusammenarbeit</u> mit meinen Mitschülerinnen und Mitschülern:

| 🙂 Das hat bei uns gut funktioniert. | Das nehmen wir mit. 🧳 |
|---|---|
| 💡 Das haben wir gelernt. | Das ist uns schwer gefallen. 🙁 |

| 7.1 | Der Weg der Nährstoffe durch den Körper | | Abschluss | ✓ |

Überprüfe mithilfe der Tabelle, ob du alle Aufgaben bearbeitet hast.

Bewerte dabei nach Erledigen aller Handlungsprodukte deinen Lernstand am Ende der Lernaufgabe. Verwende dabei folgende Zeichen:

++ : Das kann ich richtig gut.

\+ : Das kann ich.

\- : Das kann ich nicht so gut und schaue es mir nochmal an.

*Führe diese Tabelle parallel zu den Lernschritten der Lernaufgabe.*

Dokumentiere in der Tabelle deine einzelnen Lernschritte.

| Nr. | Handlungsprodukte | erledigt am: | Bewertung: | Unterschrift: |
|---|---|---|---|---|
| 1+2 | Notizzettel | | | |
| 3 | Vorstellung Nährstoffe | | | |
| 4 | Fließdiagramm Verdauung | | | |
| 5 | Verdauungsorgane benennen | | | |
| 6 | Wortdefinitionen | | | |
| 7 | Lernkästchen Verdauungssäfte | | | |
| 8 | Bildergeschichte ausformulieren | | | |
| 9 | Enzymwirkung bei der Verdauung der Nährstoffe | | | |
| 10 | Zusammenfassung Orte der Nährstoffspaltung | | | |
| 11 | Festlegen Posterinhalt und Postergestaltung | | | |
| 12 | Postererstellung | | | |
| 13 | Feedback | | | |
| 14 | Selbstreflexion | | | |

# 7.1 Der Weg der Nährstoffe durch den Körper

Üben

Celina möchte ihr Wissen noch einmal überprüfen. Wie war das nochmal mit den Verdauungsorganen?

Ergänze den Lückentext mit den passenden Begriffen: *Dünndarm – Bakterien – Zähne – Blut – Speicheldrüsen – Dickdarm – Afters – Speiseröhre – Leber – Vitamine – Mund – Speichel – Magen – Bauchspeicheldrüse – Wasser – Magensaft – Dünndarmsaft – Mineralstoffe*

Die Verdauung beginnt im _____, hier zerkleinern die _____ die Nahrung. Der _____ befeuchtet die Nahrung, damit du sie schlucken kannst. Er wird in den _____ gebildet. Sie liegen neben den Ohren und unter der Zunge.

Das gekaute Essen wandert durch die _____ in den _____. Er zerkleinert die Nahrung und bildet _____, der _____ abtötet und die Nahrung zu einem Brei vermischt.

Nach einiger Zeit wird der Brei in den _____ transportiert. Aus der _____ und der _____ fließen Verdauungssäfte in den Dünndarm. Sie zerkleinern die im Essen enthaltenen Nährstoffe gemeinsam mit dem _____ in ihre kleinsten Bausteine. Sie werden anschließend in das _____ aufgenommen und dann im ganzen Körper verteilt.

Alles, was nicht verdaut werden kann, kommt in den _____, der ungefähr 1,5 Meter lang ist. Hier wird dem Nahrungsbrei noch enthaltene _____, _____ und _____ entzogen. Nach ein bis zwei Tagen werden die unverdaulichen Reste schließlich mithilfe des _____ ausgeschieden.

Welchen Weg nimmt nochmal unser Essen?
Beschrifte die Bilder, bringe sie in die richtige Reihenfolge und ergänze die fehlenden Verdauungsorgane.

( ) _____   ( ) _____

( ) _____   ( ) _____

| 7.1 | Der Weg der Nährstoffe durch den Körper | Üben |

Celina ist der Meinung, dass sie beim Thema „Verdauung" viele neue Begriffe kennengelernt hat. Sie ist sich aber sicher, dass sie alle Begriffe kennt. Kennst auch du sie?

Im folgenden Suchsel sind 20 Wörter versteckt, die etwas mit dem Thema „Verdauung" zu tun haben. Wie viele kannst du finden?

### Suchsel Verdauung:

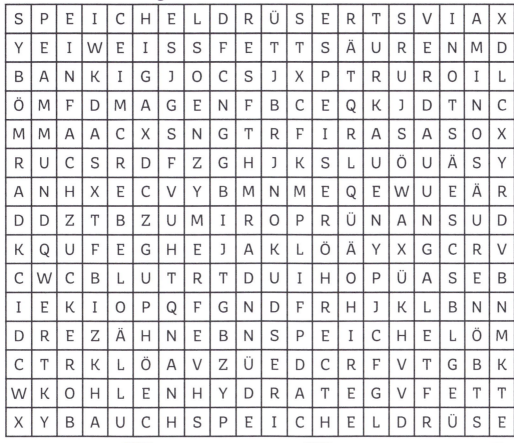

Bilde Sätze aus allen Wörtern, die du im Suchsel gefunden hast. Dabei sollte jeder Satz mindestens zwei der gefundenen Wörter enthalten.

Ü3

# 7.1 Der Weg der Nährstoffe durch den Körper — Anhang

Hier beginnt die Verdauung der Eiweiße durch den **Magensaft**. Mahlende Bewegungen durchmischen das Essen mit dem sauren Verdauungssaft.

**Dünndarm**

Dies ist der letzte Teil des Verdauungssystems. Mithilfe von Bewegungen wird der Speisebrei durchmischt und die Darmwand entzieht dem Speisebrei noch enthaltene Vitamine, Mineralstoffe und Wasser. Die hier lebenden Bakterien, die Darmflora, spalten einen Teil der Nahrungsreste auf. Dabei können übelriechende Gase entstehen. Der übrig bleibende Rest der Nahrung, der Kot, sammelt sich im letzten Teil des Organs und wird mithilfe eines Schließmuskels, dem After, ausgeschieden.

Die Leber produziert **Gallensaft**, der teilweise hier gesammelt wird oder direkt in den Dünndarm gelangt. Die im Gallensaft enthaltenen Gallensäuren trennen Fett in kleinste Tröpfchen auf, so dass Fett leichter in seine Bestandteile gespalten werden kann.

**Dickdarm**

**Bauchspeicheldrüse**

Wellenförmige Kontraktionen (wie eine Schlange, die ihre Beute verschlingt) sorgen dafür, dass die Nahrung nach dem Schlucken in den Magen transportiert wird. Am unteren Ende befindet sich ein Ringmuskel, der als eine Art Ventil dient. Er öffnet sich, um Essen und Flüssigkeiten in den Magen zu lassen. Verschlossen stellt er sicher, dass der Mageninhalt nicht zurückfließt.

**Magen**

Der hier gebildete **Bauchspeicheldrüsensaft** neutralisiert den sauren Speisebrei aus dem Magen und enthält verschiedene Verdauungsenzyme, die Kohlenhydrate, Eiweiße und Fette in kleinste Bausteine spalten.

In den Drüsen der Darmwand wird der **Dünndarmsaft** gebildet, der Kohlenhydrate und Eiweiße spalten kann. Der Speisebrei aus dem Magen wird mit diesem Verdauungssaft und den Säften aus Galle und Bauchspeicheldrüse vermischt. Mithilfe der drei Verdauungssäfte wird die in Mund und Magen begonnene Verdauung fortgesetzt und die Nährstoffe aus der Nahrung werden in kleinste Bausteine aufgespalten. Über die Darmwand gelangen die Nährstoffe ins Blut und weiter in den Körper. Die Muskeln der Darmwand bewegen sich wellenartig und schieben die restliche, noch unverdaute Nahrung weiter.

**Gallenblase**

**Lernfeld 7: Ausgewogene und bedarfsgerechte Ernährung von Kunden und Gästen**

Lernaufgabe 7.2: Vollwertige Ernährung als Basiskost

Ich kann …

- Beispiele für gesunde Lebensmittel nennen.
- die Grundsätze der vollwertigen Ernährung beschreiben.
- die 10 Regeln der DGE erklären.
- Kriterien für die vollwertige Ernährung bezüglich ihrer ernährungsphysiologischen Merkmale entwickeln.

Zeitumfang: 6 Unterrichtsstunden

| 7.2 | Vollwertige Ernährung als Basiskost | Informieren |  |

Mika, Celina und Annalena sitzen zusammen und unterhalten sich über ihre Erfahrungen in den Praktikumsbetrieben. Mika erinnert sich an einen Tag, als mehrere Kunden zur Mittagszeit in der Fleischerei standen, um zu Mittag zu essen. Während diese überlegten, welches Gericht des Mittagstisches sie wählen sollen, sagte eine Frau zu Mika, dass sie kein Schweinefleisch essen darf. Ein anderer Kunde fragte darauf, ob es nicht auch möglich wäre, vegetarische Gerichte zum Mittagstisch anzubieten. Mika weiß noch, wie verwundert er darüber war. Aber seine Chefin sagte später zu ihm, dass sie schon lange darüber nachdenkt, die Speisenauswahl zu erweitern, um mehr Kostformen zu berücksichtigen.
„Die Leute ernähren sich immer unterschiedlicher. Meine Tante isst zum Beispiel kein Fleisch, aber Fisch. Und meine Mutter betont immer, dass sie ausgewogen kocht. Das sei gesund", erzählt Celina. „Ich glaube, das nennt sich vollwertige Ernährung."

Annalena erinnert sich an die Ernährungspyramide, die sie in der Berufsfachschule durchgenommen haben. „Da ging es doch auch um gesunde und vollwertige Ernährung, erinnert ihr euch?", fragt sie die anderen.

Gemeinsam beschließen sie, sich intensiver mit dem Thema vollwertige Ernährung zu beschäftigen. Celina macht den Vorschlag, einen Kriterienkatalog zu erstellen, womit man dann verschiedene Kostformen bewertend vergleichen könne. Die beiden anderen stimmen begeistert zu und auch die Lehrerin im Fach Berufliche Kompetenz ist dabei.

*Denke daran, deine Fortschritte auf Seite 103 zu dokumentieren.*

① Analysiere die Situation und mache dir Notizen zur Ausgangslage, zur Problemstellung und zum Arbeitsauftrag.

Notiere dir auch Fragen, Gedanken und Ideen, die wichtig sein könnten.

## 7.2 Vollwertige Ernährung als Basiskost — Planen

Annalena kramt ihren Ordner der BFS hervor und sucht die Lernaufgabe zur Ernährungspyramide raus. Sie möchte mit Celina und Mika nachlesen, was sie darüber gelernt haben.

**2** Bilde mit deiner Tischnachbarin oder deinem Tischnachbarn ein Zweierteam.

(1) Lest euch gemeinsam die Lernaufgabe 4.4 „Gesund leben mit der Ernährungspyramide" durch.

(2) Wiederholt nun euer Wissen, indem ihr Beispiele für die drei unten stehenden Lebensmittel-Gruppen findet.

Zeit für Partnerarbeit…

| | |
|---|---|
| **Gruppe eher ungesunder Lebensmittel, daher nur selten essen.** | Beispiele: |
| **Gruppe gesunder Lebensmittel, jedoch vorsichtig bei der Menge…** | Beispiele: |
| **Gruppe gesunder Lebensmittel, daher reichlich und häufig essen.** | Beispiele: |

Mit der Ernährungspyramide wurde ein einfaches System entwickelt, mit dem jeder sein Essverhalten kontrollieren kann.

Gesunde Ernährung

© Krakenimages.com – stock.adobe.com

# 7.2 Vollwertige Ernährung als Basiskost — Planen

Die Lehrerin ist von Celinas, Annalenas und Mikas Vorschlag begeistert und möchte direkt in der folgenden Stunde das Thema vollwertige Ernährung besprechen.
Dazu teilt sie der Klasse einen Informationstext aus.

**3)** Lies dir den Text durch und markiere die Merkmale zur Beschreibung der vollwertigen Ernährung farbig. Halte sie dann auf dem Notizzettel fest. Diesen benötigst du später zur Erstellung deiner Checkliste.

## Vollwertige Ernährung

Die vollwertige Ernährung beschreibt eine Mischkost, die alle wichtigen und lebensnotwendigen Nährstoffe für den Körper liefert. Dieser Kostform wird nachgesagt, dass sie die Leistungsfähigkeit des Menschen fördert und ernährungsbedingte Erkrankungen vermeiden kann.

Grundsätze einer vollwertigen Ernährung:

- Die Gesamtmenge der aufgenommenen Energie, d. h. die Energiezufuhr muss auf den Bedarf des Körpers abgestimmt sein. Dies bedeutet, dass die Nahrungsmenge dem jeweiligen Grund- und Leistungsumsatz entsprechen soll. Richtwerte für die Gesamtmenge an aufgenommener Energie pro Tag liegt bei ca. 8.000 kJ für Frauen und bei ca. 10.000 kJ für Männer im Alter von 19 bis 24 Jahren bei normaler körperlicher Betätigung.

- Der Anteil der Hauptnährstoffe am Gesamtenergiebedarf: Man sollte darauf achten, dass alle Nährstoffe regelmäßig in benötigter Menge aufgenommen werden. Dazu eignet sich eine abwechslungsreiche, gemischte Kost (möglichst bunt) besonders gut. Die DGE gibt mit der Ernährungspyramide eine Hilfe, um die Lebensmittelauswahl zu überprüfen. Sie empfiehlt eine Verteilung der Hauptnährstoffe (Kohlenhydrate/ Eiweiß/ Fett) am Gesamtenergiebedarf im Verhältnis von 30 % / 55 % / 15 %.

- Die zeitliche Verteilung der Mahlzeiten: Der menschliche Körper unterliegt biologisch bedingten Schwankungen innerhalb des Tagesablaufs. Wer den tageszeitabhängigen, unterschiedlichen Bedarf des Körpers beachtet, lebt besser und leichter. 5 kleine Mahlzeiten sind besser als 3 große, so werden Heißhungerattacken vermieden. Empfohlen werden 3 Hauptmahlzeiten sowie 2 Zwischenmahlzeiten, wie z. B. Gemüse-Smoothie oder Obst ("5 x am Tag").

- Bevorzugte Getränke: Wasser, verdünnte Frucht- oder Gemüsesäfte, ungesüßter Tee und Kaffee.

- Die Zubereitungsmethoden der Lebensmittel: Je schonender bzw. weniger ein Gericht zubereitet und gegart (z. B. Dünsten oder Dämpfen) wird, desto besser für den Körper. Die Devise lautet: je natürlicher desto gesünder.

**Kriterien:**

*Schaue dir zur Wiederholung auch die Lernaufgabe 4.5 „Sei ein Snackchecker" an.*

*DGE = Deutsche Gesellschaft für Ernährung*

Mika ist neugierig und möchte wissen, was die DGE außer der Pyramide noch weiteres empfiehlt. Beim Stöbern im Internet findet er auf der Seite der DGE die 10 Regeln für eine gesunde, ausgewogene Ernährung.

**4)** Suche die 10 Regeln der DGE im Internet unter https://www.dge.de/index.php?id=52 und ergänze die Regeln auf der Seite 99.

## 7.2 Vollwertige Ernährung als Basiskost — Planen

**1. Regel: Esse abwechslungsreich**

Nutze die Lebensmittelvielfalt und esse abwechslungsreich. Wähle überwiegend pflanzliche Lebensmittel.

**2. Regel:**

Genieße mindestens 3 Portionen Gemüse und 2 Portionen Obst am Tag. Zur bunten Auswahl gehören auch Hülsenfrüchte wie Linsen, Kichererbsen und Bohnen sowie Nüsse.

**3. Regel: Vollkorn wählen**

**4. Regel:**

Esse Milch und Milchprodukte wie Joghurt und Käse täglich, Fisch ein- bis zweimal pro Woche. Wenn du Fleisch isst, dann nicht mehr als 300 bis 600 g pro Woche.

**5. Regel: Gesundheitsfördernde Fette nutzen**

**6. Regel:**

Mit Zucker gesüßte Lebensmittel und Getränke sind nicht empfehlenswert. Vermeide diese möglichst und setze Zucker sparsam ein. Spare Salz und reduziere den Anteil salzreicher Lebensmittel. Würze kreativ mit Kräutern und Gewürzen.

**7. Regel: Am besten Wasser trinken**

**8. Regel:**

Gare Lebensmittel so lange wie nötig und so kurz wie möglich, mit wenig Wasser und wenig Fett. Vermeide beim Braten, Grillen, Backen und Frittieren das Verbrennen von Lebensmitteln.

**9. Regel: Achtsam essen und genießen**

**10. Regel:**

Vollwertige Ernährung und körperliche Aktivität gehören zusammen. Dabei ist nicht nur regelmäßiger Sport hilfreich, sondern auch ein aktiver Alltag, indem du z. B. öfter zu Fuß gehst oder Fahrrad fährst.

Nach der Deutschen Gesellschaft für Ernährung e. V., Bonn

# 7.2 Vollwertige Ernährung als Basiskost — Entscheiden

Nun wollen Annalena, Celina und Mika ihre Checkliste erstellen. Dazu müssen sie sich entscheiden, wie dies genau aussehen soll. Eine Überschrift haben sie sich bereits ausgesucht: *Checkliste vollwertige Ernährung*. Sie soll zwei Spalten haben: links stehen die Merkmale (Kriterien) und rechts die Ausprägung (Beschreibung). Die Kriterien wollen sie nicht nur auflisten, sondern auch anschaulich darstellen.

**5** Entscheide, wie deine Checkliste aussehen soll. Willst du die Merkmale als Balkendiagramm oder als Schieberegler darstellen, als Kuchendiagramm oder per Kästchen, Sternchen oder Haken? Verwende unterschiedliche Darstellungen in deiner Checkliste: z. B. einen Schieberegler für die Nährstoffverteilung oder Kästchen für die Kalorienaufnahme.
Schaue dir dazu die Beispiele an und entscheide.

Beachte auch: Deine Checkliste sollte übersichtlich, verständlich, vollständig und auf andere Kostformen übertragbar sein.

*Um dir die einzelnen Schritte deiner Planung nochmal in Erinnerung zu rufen, kannst du die vorhergehenden Seiten der Lernaufgabe anschauen.*

Hier einige Beispiele für eine mögliche Gestaltung der Ausprägungen....

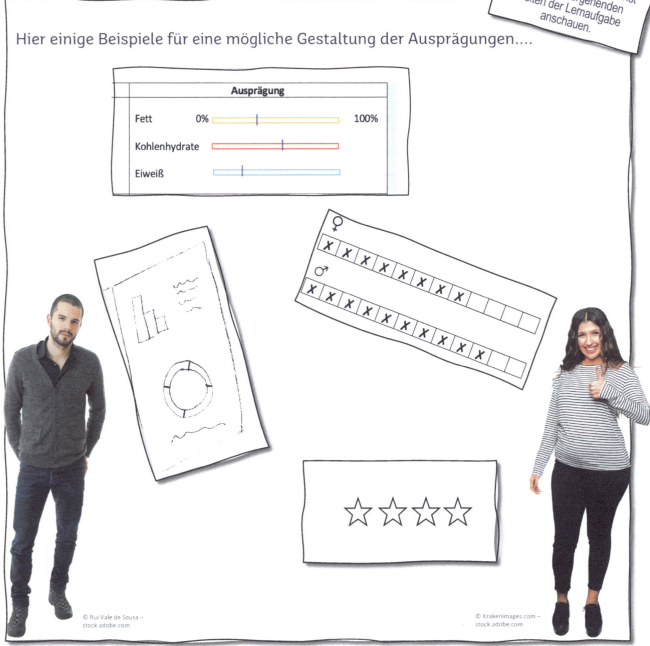

| 7.2 | Vollwertige Ernährung als Basiskost | Durchführen  |

**6** Du hast nun entschieden, wie deine Checkliste aussehen soll. Skizziere hier einen Entwurf bzw. halte deine Notizen dazu hier fest.

Erstelle deine Checkliste am besten am PC. Du kannst auch passende Grafiken einfügen.

| 7.2 | Vollwertige Ernährung als Basiskost | Kontrollieren |  |

Super! Du hast deine Checkliste erstellt und damit Mika, Annalena und Celina sehr geholfen.

 **7** Tausche deine Checkliste mit deiner Backnachbarin oder deinem Banknachbarn aus und gebt euch gegenseitig Feedback.

Denkt dran: Immer fair und objektiv bleiben.

### Bewertung der Checkliste:

Male die Sterne aus (5 Sterne = alles super, 0 Sterne = das war leider nichts).

Die Checkliste …

… ist übersichtlich: ☆☆☆☆☆

… ist verständlich: ☆☆☆☆☆

… enthält alle wichtigen Informationen: ☆☆☆☆☆

… ist auf andere Kostformen anwendbar: ☆☆☆☆☆

… enthält KEINE Fehler: ☆☆☆☆☆

Das möchte ich dir außerdem noch rückmelden:

_____

_____

Folgende Veränderungen habe ich nach dem Feedback an der Checkliste vorgenommen:

| 7.2 | Vollwertige Ernährung als Basiskost | Bewerten |

8. Wie zufrieden bist du mit deinem Lernerfolg? Schreibe in die Puzzleteile jeweils zwei positive Aspekte und zwei negative Aspekte.

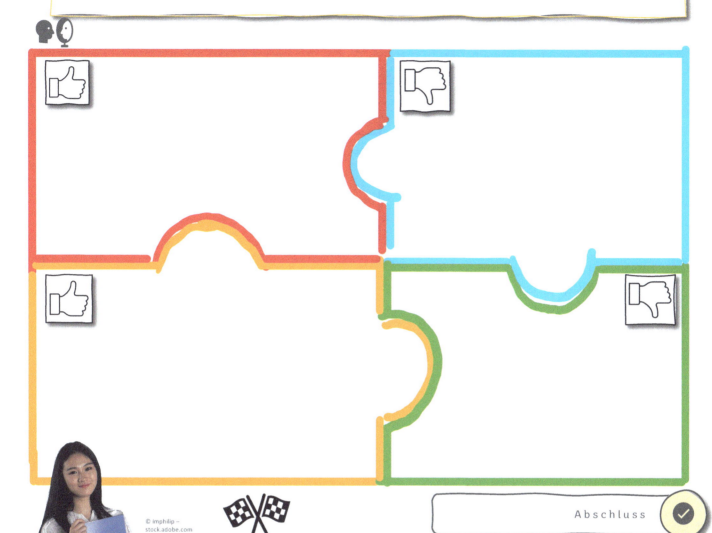

Abschluss

| Nr. Lern-aufgabe | Handlungsprodukt | erledigt am: | lehrreich? | |
|---|---|---|---|---|
| | | | Ja | Nein |
| 2 | Wiederholung Ernährungspyramide | | | |
| 3 | Informationstext | | | |
| 4 | 10 Regeln der DGE | | | |
| 5 & 6 | Checkliste | | | |
| 7 | Präsentation & Rückmeldung | | | |
| 8 | Bewertung & Abschluss | | | |

Zum Abschluss gibt's noch ein Feedback von deiner Lehrkraft:

## 7.2 Vollwertige Ernährung als Basiskost — Üben

Annalena möchte sicher gehen, dass sie alles über gesunde, vollwertige Ernährung richtig verstanden hat. Sie hat in einem Arbeitsheft folgende Aufgaben gefunden und möchte diese lösen.

In den aufgeführten Fallbeispielen wurden DGE-Regeln nicht eingehalten. Notiere jeweils die passende Regel der DGE, die nicht eingehalten wurde. Und gib Tipps für eine vollwertige Ernährung!

| Beispiel | DGE-Regel und Tipps |
|---|---|
| Elena kommt nach dem Tanztraining durstig nach Hause. Sie hat den ganzen Tag nichts getrunken. Daher trinkt sie jetzt einen halben Liter Wasser und danach noch ein großes Glas Limonade. | Regel: ................................................ Tipp: ................................................ |
| Tom arbeitet als Koch und isst sehr unregelmäßig. Er isst oft im Stehen und weiß häufig nicht mehr, was er den Tag über alles zu sich genommen hat. | Regel: ................................................ Tipp: ................................................ |
| Sarah lehnt jegliches Gemüse ab und sagt: „Fleisch ist mein Gemüse". Ab und zu isst sie einen Apfel in der Berufsschule. „Das muss reichen!", denkt sie sich. | Regel: ................................................ Tipp: ................................................ |

Umkreise die Lebensmittel, die einer vollwertigen Ernährung bzw. den Regeln der DGE entsprechen.

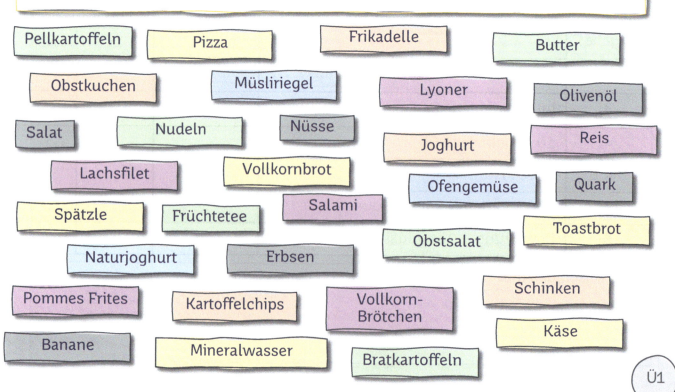

Pellkartoffeln · Pizza · Frikadelle · Butter · Obstkuchen · Müsliriegel · Lyoner · Olivenöl · Salat · Nudeln · Nüsse · Joghurt · Reis · Lachsfilet · Vollkornbrot · Ofengemüse · Quark · Spätzle · Früchtetee · Salami · Obstsalat · Toastbrot · Naturjoghurt · Erbsen · Pommes Frites · Kartoffelchips · Vollkorn-Brötchen · Schinken · Käse · Banane · Mineralwasser · Bratkartoffeln

Ü1

## Lernfeld 7: Ausgewogene und bedarfsgerechte Ernährung von Kunden und Gästen

Lernaufgabe 7.3: Alternative Kostformen

Ich kann ...

- ausgewählte Kostformen in geeigneten Medien recherchieren.
- diese Kostformen beschreiben und kritisch hinterfragen.
- die wichtigsten Inhalte dieser Kostformen in Steckbriefen festhalten.
- diese Kostformen mit der vollwertigen Ernährung vergleichen.
- eine Diät von einer Reduktionsdiät abgrenzen.
- Vorteile und Nachteile der Kostformen in der Gruppe diskutieren.

Zeitumfang:
8 Unterrichtsstunden

# 7.3 Alternative Kostformen — Informieren

Annalena, Mika und Celina möchten an ihrem freien Wochenende gemeinsam mit Freunden grillen.

Bei der Planung der Speisen stellen sie fest, dass viele ihrer Freunde das eine oder andere nicht essen oder essen wollen. Jetzt sind sie total verwirrt, was es zu essen geben soll.

Sie hören sich im weiteren Freundes- und Familienkreis um und stellen fest, dass es viele Leute gibt, die entweder bestimmte Lebensmittel aufgrund der persönlichen Ernährungssituation nicht essen können oder möchten, oder aus persönlicher Überzeugung besonderen Ernährungstrends folgen.

Jetzt sind alle drei neugierig geworden und recherchieren in digitalen Medien, aber auch in Zeitschriften, die ihnen zur Verfügung stehen, verschiedene Kostformen.

Als sie in der Schule von ihrer Umfrage erzählen, sind auch die anderen Mitschüler und Mitschülerinnen so begeistert, dass sie die Rechercheergebnisse übersichtlich in Steckbriefen darstellen wollen. Selbstverständlich führen diese Gespräche auch zu regen Diskussionen, da sie die vollwertige Ernährung als optimale Ernährungsform für den Menschen kennengelernt haben.

Darüber hinaus möchten sie diese alternativen Kostformen mit der vollwertigen Ernährung vergleichen. Für den Vergleich schlägt ihr Lehrer ihnen vor, die Checkliste heranzuziehen, die die Merkmale der vollwertigen Ernährung übersichtlich darstellt.

**1** Analysiere die Situation und mache dir Notizen zur Ausgangslage, zur Problemstellung und zum Arbeitsauftrag.

**?** Notiere dir auch Fragen, Gedanken und Ideen, die wichtig sein könnten.

Denk daran, deinen Lernweg auf Seite 116 zu dokumentieren.

| 7.3 | Alternative Kostformen | Planen |  |

Bei ihrer Umfrage im Freundes- und Familienkreis haben Annalena, Mika und Celina festgestellt, dass viele Menschen sich anders ernähren. Zuerst möchten die drei wichtige allgemeine und bereits bekannte Informationen zu verschiedenen Kostformen zusammenstellen.

**2** Im Raum verteilt liegen 5 Placemats (große Notizzettel). Jedes Placemat wird dabei die Inhalte und Merkmale einer relevanten Kostform darstellen.

Schließt euch zunächst zu einer Gruppe aus mindestens 2 Personen zusammen und setzt euch vor ein beliebiges Placemat. Nach dem Startsignal eurer Lehrkraft, notiert ihr in den Feldern vor euch Stichworte, die euch zu der jeweiligen Kostform einfallen.

Nach 2 Minuten gibt eure Lehrerin ein Signal. Nun wechselt ihr zum nächsten Placemat und notiert dort auf noch freier Fläche eure Gedanken. So wächst mit jeder Runde die Liste an Stichworten zu den jeweiligen Kostformen.

Erstellt auf diese Weise in eurer Klasse gemeinsam zu jeder Kostform ein Placemat. Diese Informationssammlung hilft euch dann bei der weiteren Planung und detaillierten Erarbeitung der Kostformen.

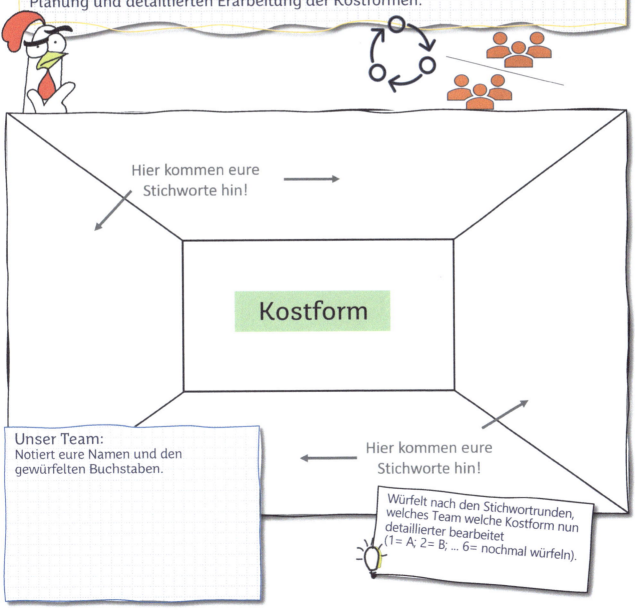

| 7.3 | Alternative Kostformen | | Planen |  |

Celina, Mika und Annalena haben schon viele Stichpunkte gesammelt. Dennoch möchten sie für ihre Steckbriefe auf Nummer sicher gehen und sich lieber nochmal detaillierter über die einzelnen Kostformen informieren.

**3a)** Helft den dreien bei ihrer Recherche zum Vegetarismus. Scannt den QR-Code und schaut euch das Video an. Ergänzt die fehlenden Formen des Vegetarismus und kreuzt die richtigen Informationen unten an.

### Team A

Ergänzt folgende Tabelle zum **Vegetarismus** anhand des Videos:

✗ Lebensmittel, die nicht gegessen werden ✓ Lebensmittel, die gegessen werden

| Formen des Vegetarismus | | | | Veganer |
|---|---|---|---|---|
| | | | | |
| | | | | |
| | | | | |
| | | | | |
| | | | | |

108

| 7.3 | Alternative Kostformen | Planen  |

Celina, Mika und Annalena haben schon viele Stichpunkte gesammelt. Dennoch möchten sie für ihre Steckbriefe auf Nummer sicher gehen und sich lieber nochmal detaillierter über die einzelnen Kostformen informieren.

**3b** Helft den dreien bei ihrer Recherche zur Paleo-Diät. Scannt den QR-Code und schaut euch das Video an. Weitere Informationen findet ihr in dem Infotext und den genannten Websites. Macht euch Notizen zu den Merkmalen der Paleo-Ernährung.

Team B

### Paleo-Ernährung:

https://www.paleo360.de/

https://www.dge.de/ernaehrungspraxis/diaeten-fasten/paleo/?L=0

https://www.youtube.com/watch?v=kq16h7U3h9o

Die Paleo-Ernährung ist eine relativ neue Form der Ernährung. Der Begriff orientiert sich an dem Begriff Paläolithikum (=Steinzeit). Daher wird die Paleo-Ernährung auch Steinzeit-Diät genannt.

Man versucht sich an der Ernährung der Jäger und Sammler zu orientieren. Der zentrale Aspekt dieser Ernährungsform liegt auf einer hohen Lebensmittelqualität und Nachhaltigkeit. Es wird vor allem Wert darauf gelegt, Lebensmittel zu verzehren, die möglichst wenig verarbeitet sind und keine Zusatzstoffe wie Farbstoffe und Aromen enthalten. Das bedeutet vor allem ein Verzicht auf Fast Food und Fertiggerichte wie z. B. Konserven. Der Fokus liegt auf frischen Lebensmitteln, die auch frisch zubereitet werden, dazu zählen z. B. Gemüse und Obst, Nüsse und Samen, Fleisch und Fisch, Eier und gesunde Fette (viele Omega-3-Fettsäuren).

Verzichtet wird auf Getreideprodukte, Hülsenfrüchte, Milchprodukte, Haushaltszucker sowie gehärtete Pflanzenfette und künstliche Zusatzstoffe, da diese Lebensmittel angeblich die Darmgesundheit beeinträchtigen. Das bedeutet, dass auch Kuchen und Süßwaren völlig vom Speiseplan gestrichen sind. Diese Form der Ernährung ist daher arm an Kohlenhydraten.

Komplett gemieden werden müssen diese Lebensmittel nicht, sollten aber nur in sehr geringer Menge aufgenommen werden.

Es gibt keine Begrenzung der Mengen, die ich essen darf und auch keine zeitliche Beschränkung. Als Getränk sollte, optimalerweise, Wasser getrunken werden.

Notizen:

© pixabay.com

# 7.3 Alternative Kostformen

Planen

Celina, Mika und Annalena haben schon viele Stichpunkte gesammelt. Dennoch möchten sie für ihre Steckbriefe auf Nummer sicher gehen und sich lieber nochmal detaillierter über die einzelnen Kostformen informieren.

**3c** Helft den dreien bei ihrer Recherche zum Intervallfasten. Scannt den QR-Code und schaut euch das Video an. Weitere Infos findet ihr im Infotext und auf den Websites. Macht euch Notizen zu den wichtigsten Merkmalen dieser Ernährungsform.

*Team C*

### Intervallfasten:

https://www.youtube.com/watch?v=7DJIy_aYAnc

https://www.ndr.de/ratgeber/gesundheit/Intervallfasten-Gesund-abnehmen,fasten224.html

https://www.dge.de/ernaehrungspraxis/diaeten-fasten/intervallfasten/?L=0

---

Das Intervallfasten hat sich wie ein Lauffeuer verbreitet und ist in aller Munde. Was bedeutet „fasten" überhaupt? Laut Duden bedeutet fasten: „aus religiösen Gründen kein Fleisch oder (fast) keine Nahrung zu sich nehmen oder weniger oder nichts essen, um den Körper zu entschlacken und an Gewicht zu verlieren". Es sollte eine Zeit sein, in der man seine Gewohnheiten überdenkt und eventuell verändert.

Es gibt mehrere Methoden des Intervallfastens. Egal für welche Methode man sich entscheidet, es ist eine dauerhafte Ernährungsform und keine vorübergehende Reduktionsdiät. Ziel dieser Ernährungsform ist es, leistungsfähiger zu werden, evtl. überflüssiges Gewicht zu verlieren und seinen Körper zu schätzen. Daher sollte man sich in den „Essen"-Phasen gesund und ausgewogen ernähren und in den „Fasten"-Phasen auf eine ausreichende und gute Flüssigkeitszufuhr konzentrieren. Da es sich um eine dauerhafte Ernährung handelt, muss man einem Nährstoffdefizit und einem evtl. Vitamin- und Mineralstoffmangel vorbeugen. Grundsätzlich gilt auch hier, wie bei jeder anderen Ernährungsform und Diät: In Ruhe genießen und nicht mehr Energie zu mir nehmen, als benötigt wird.

**Notizen:**

---

**16/8 Methode**
16 **Stunden** fasten
8 **Stunden** essen

**Alternierendes Fasten**
Abwechselnd,
... einen Tag fasten und
... 1 Tag essen

**5/2 Methode**
5 **Tage** essen
2 **Tage** fasten

# 7.3 Alternative Kostformen — Planen

Celina, Mika und Annalena haben schon viele Stichpunkte gesammelt. Dennoch möchten sie für ihre Steckbriefe auf Nummer sicher gehen und sich lieber nochmal detaillierter über die einzelnen Kostformen informieren.

**3d)** Helft den dreien bei ihrer Recherche zur Low-Carb Ernährung. Scannt den QR-Code und schaut euch das Video an. Weitere Infos findet ihr im Infotext oder auf der genannten Website. Notiert euch auch hier die wichtigsten Merkmale.

**Team D**

Low-Carb:

https://www.youtube.com/watch?v=uvjKbRulKiQ

https://www.barmer.de/gesundheit-verstehen/ernaehrungsgesundheit/unter-der-lupe-die-low-carb-ernaehrung-95784#Wie_funktioniert_dasLow_Carb_DitKonzept

Im Allgemeinen versteht man unter Low-Carb (Englisch für „low carbohydrates") eine Ernährungsweise, die kaum bzw. nur wenige Kohlenhydrate enthält. Nimmt man überhaupt keine Kohlenhydrate zu sich, spricht man auch von „No-Carb".

Die Kohlenhydrate werden bei der Low-Carb Ernährung durch fett- und eiweißreiche Lebensmittel ersetzt. Die Mahlzeiten bestehen hauptsächlich aus Lebensmitteln wie Fisch, Fleisch und Milchprodukten sowie Gemüse und enthalten viel Protein. Proteine sollen besonders sättigend sein. Kohlenhydrate aus Kartoffeln, Reis, Brot und Nudeln sind tabu bzw. nur in kleinen Mengen erlaubt. Auf Süßigkeiten, Kuchen und Rezepte mit Zucker wird meist ganz verzichtet.

Normalerweise werden im Körper hauptsächlich die Kohlenhydrate zur Energiegewinnung genutzt. Die Idee des Low-Carb ist, den Stoffwechsel zu verändern, damit der Körper seine Fettreserven zur Energiegewinnung nutzt (Ketose-Stoffwechsel). So soll eine Gewichtsabnahme erzielt werden. Auch soll der Blutzuckerspiegel, wegen der fehlenden Kohlenhydrate, konstant gehalten werden.

Vor allem abends soll auf Kohlenhydrate verzichtet werden. Kohlenhydrate werden daher nur in kleinen Mengen und vor allem in Form von Vollkornprodukten, leckerem Obst und leckeren Hülsenfrüchten empfohlen. Grundsätzlich gilt auch hier: Auf eine ausgewogene und gesunde Ernährung achten und nicht mehr Energie zu sich nehmen, als man benötigt.

Oft wird kritisiert, dass zu viele tierische Lebensmittel verzehrt werden und dass die Ernährung einseitig sei. Als Folge könnten lebensnotwendige Nährstoffe sowie Ballaststoffe fehlen. Auch ist die Low-Carb Ernährung keine Reduktionsdiät, sondern eine alternative, dauerhafte Kostform. Ernährt man sich wieder normal, setzt der Jo-Jo-Effekt ein.

**Notizen:**

> **Low-Carb (englisch)** = wenige und nur gute, langkettige Kohlenhydrate.

> **No-Carb** = gar keine Kohlenhydrate

> **Jo-Jo-Effekt** bedeutet, dass man nach einer Reduktionsdiät wieder mehr Gewicht zunimmt, als man vor der Diät hatte.

# 7.3 Alternative Kostformen — Planen

Celina, Mika und Annalena haben schon viele Stichpunkte gesammelt. Dennoch möchten sie für ihre Steckbriefe auf Nummer sicher gehen und sich lieber nochmal detaillierter über die einzelnen Kostformen informieren.

**3e** Helft den dreien bei ihrer Recherche zur Diät. Scannt den QR-Code und schaut euch das Video an. Weitere Infos findet ihr im Infotext. Haltet in den Notizen die Unterschiede zwischen einer Diät und einer Reduktionsdiät fest.

**Team E**

## Diät ≠ Reduktionsdiät

https://www.youtube.com/watch?v=kNxj1uRtgY8

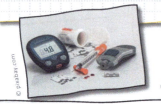

**Reduktionsdiät**
kalorienarme Kost für eine Abmagerungskur
(vgl. Deutscher Duden)

**Diät**
auf die Bedürfnisse eines Kranken, Übergewichtigen o. Ä. abgestimmte Ernährungsweise
(vgl. Deutscher Duden)

Reduktionsdiäten gibt es wie Sand am Meer. In jeder Frauenzeitschrift werden wöchentlich neue Methoden vorgestellt, wie man an Gewicht verlieren kann (z. B. FDH und die Kohlsuppendiät). Und genau darum geht es bei einer Reduktionsdiät, dem Verlust von Körpermasse, am besten in kurzer Zeit. Meistens verliert der Körper dadurch aber nur an Wasser. Die Fettpolster, die wir uns über die Jahre angefuttert haben, werden nicht angetastet. Daher ist der Erfolg auch nur vorübergehend.

Will man längerfristig sein Gewicht reduzieren und Krankheiten vorbeugen, muss man seine Ernährung und am besten auch seine gesamte Lebensweise überdenken und umstellen. Eine dauerhafte Gewichtsreduktion wird nur erzielt, wenn wir mehr Energie verbrauchen, als wir aufnehmen (Output > Input). Auch sollte man sich mehr bewegen, d. h. mehr Sport treiben. Denn Muskeln verbrauchen mehr Energie.

Viele Menschen haben aber gar keine Wahl. Sie müssen sich anders ernähren (d. h. eine Diät einhalten) als der Großteil der Bevölkerung, da sie an einer Krankheit leiden. Eine andere Form der Ernährung kann dann unterstützend helfen, die Beschwerden der Krankheit zu mildern bzw. zu minimieren. Beispielsweise Menschen mit einer Lebensmittelallergie (z. B. Nussallergie, Laktoseintoleranz) müssen die Lebensmittel meiden, die den allergieauslösenden Stoff enthalten. Auch Menschen mit Diabetes und anderen Erkrankungen können über die Auswahl ihrer Nahrung Einfluss auf ihre Erkrankung nehmen und diese positiv beeinflussen.

Welche Diät bei welcher Erkrankung aber notwendig und sinnvoll ist, das wird der Arzt entscheiden.

Notizen:

| 7.3 | Alternative Kostformen | Entscheiden & Durchführen |  |

Celina, Mika und Annalena haben sehr viele Infos gesammelt und sind jetzt bereit, ihre Steckbriefe zu den verschiedenen Kostformen zu erstellen.

**4** Unterstützt die drei bei ihrem Vorhaben. Erstellt in eurem Team einen Steckbrief zu eurer alternativen Kostform. Entscheidet zunächst wie der Steckbrief aufgebaut wird und einigt euch dann auf die Inhalte. Mögliche Bilder findet ihr im Anhang oder schneidet sie aus Zeitschriften aus.

> Wie könnte euer Steckbrief aussehen? Blättert nochmal in vorherigen Lernaufgaben.

© tirachard – stock.adobe.com

**5** Super! Ihr habt euch für ein Layout entschieden?! Dann legt los und erstellt euren Steckbrief.

Material (Plakate, Stifte, Kleber) liegt im Klassenraum aus.

| 7.3 | Alternative Kostformen | | Kontrollieren |  |

Die Freunde sind stolz auf ihre Ergebnisse und möchten diese nun ihren Mitschülerinnen und Mitschülern präsentieren.

**6** Präsentiert euren Steckbrief euren Mitschülerinnen und Mitschülern.

Vergleicht mit Hilfe der großen Checkliste eure Kostform mit der Vollwerternährung.

Pinnt diesen danach neben die Checkliste im Klassenraum.

> Die große Checkliste wurde von eurer Lehrerin oder eurem Lehrer bereits vorbereitet.

> Die Checkliste kennt ihr bereits aus Lernaufgabe 7.2.

**!**

**7** Notiert jeweils 3 Dinge, die ihr „**top**" findet und gebt den anderen Gruppen drei „**Tipps**", was an deren Steckbriefen verbessert werden könnte.

> Achtet bei der Präsentation darauf, ob diese
> 1. übersichtlich
> 2. vollständig
> 3. kreativ
> gestaltet wurde.

TOP

TIPP

114

# 7.3 Alternative Kostformen — Kontrollieren

Celina, Annalena und Mika haben ihre Steckbriefe präsentiert und bewertet. Jetzt brechen in der Klasse rege Diskussionen aus, welche Form der Ernährung denn die beste ist. Trotz der vielen Informationen fühlen sich die drei etwas überfordert.

**8** Notiere dir zu der folgenden Fragestellung jeweils 1–2 Argumente. Notiere diese Argumente auch auf den ausliegenden Plakaten zu den Fragestellungen.

*Die vollwertige Ernährung kennt ihr aus Lernaufgabe 7.2.*

*Ihr geht einzeln zu den Plakaten und notiert eure Gedanken zu den Fragestellungen.*

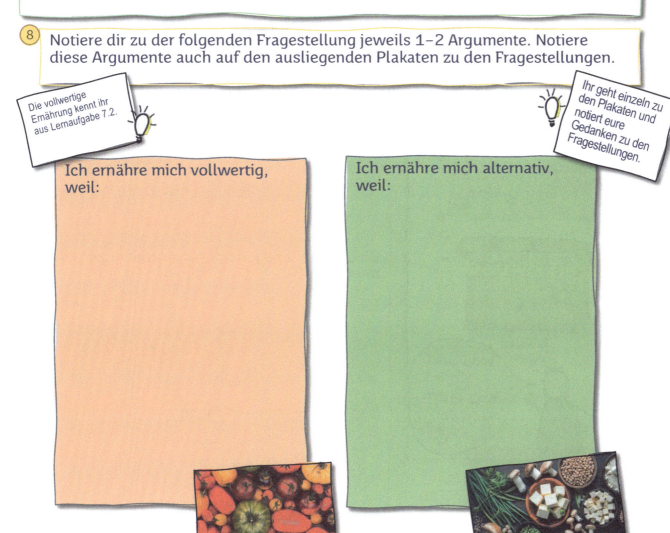

Ich ernähre mich vollwertig, weil:

Ich ernähre mich alternativ, weil:

**9** Ihr habt jede Menge Argumente gesammelt. Einigt euch mit eurem Nachbarteam auf ein Fazit. Notiert dieses Fazit hier:

Fazit: Vollwertig oder alternativ?

Wir finden, dass …

| 7.3 | Alternative Kostformen | | Bewerten |  |

Annalena, Celina und Mika sind zufrieden mit ihren Steckbriefen und der anschließenden Diskussion. Sie haben ihre Ergebnisse in der Klasse für alle sichtbar aufgehängt.

 **10** Wie zufrieden bist du mit deiner Leistung? Notiere dir jeweils zwei Dinge, die bei der Erarbeitung dieser Lernaufgabe gut waren und welche, die weniger gut waren.

Das hat mir in der Zusammenarbeit mit den anderen gut gefallen/nicht gut gefallen:

Die Inhalte fand ich interessant/weniger interessant:

Das möchte ich noch sagen:

| | | Abschluss |  |

| Handlungsprodukte | erledigt am: | Das kann ich: | Unterschrift |
|---|---|---|---|
| Übersicht Vegetarismus | | 👍 👎 | |
| Steckbriefe zu den Kostformen | | 👍 👎 | |
| Bewertung der Kostformen laut Checkliste | | 👍 👎 | |
| Top/Tipp-Liste | | 👍 👎 | |
| Schreibdiskussion | | 👍 👎 | |
| Erfahrungsschatz | | 👍 👎 | |

# 7.3 Alternative Kostformen — Anhang

Hier nochmal die Muster-Checkliste zur vollwertigen Ernährung.

| Merkmal | Ausprägung |
|---|---|
| **Anteil der Hauptnährstoffe am Gesamtenergiebedarf** | Fett 0% ▬▬▬▬▬ 100%<br>Kohlenhydrate ▬▬▬▬▬<br>Eiweiß ▬▬▬▬▬ |
| **Zeitliche Verteilung der Mahlzeiten** 🕒 | Hauptmahlzeiten: ✔ ✔ ✔<br>Zwischenmahlzeiten: ✔ ✔ |
| **Gesamtmenge der aufgenommenen Energie** **kJ** | ♀<br>\| X \| X \| X \| X \| X \| X \| X \| X \|   \|   \|   \|<br>♂<br>\| X \| X \| X \| X \| X \| X \| X \| X \| X \| X \|   \|   \|<br>1 Kästchen = 1000 kJ |
| **Bevorzugte Getränke** | Wasser   Tee   Kaffee<br>Verdünnte Frucht- und Gemüsesäfte |
| **Verarbeitungsgrad** | Niedrig (0%)   mittel   hoch (100 %) |
| **Zubereitungsmethoden** | Roh   schonend gegart   gekocht |
| **Besonderheiten** | Eigene Kommentare einfügen:<br>5 x am Tag Obst und Gemüse<br>vermehrt Vollkornprodukte<br>(10 Regeln der DGE) |

A1

| 7.3 | Alternative Kostformen | | Anhang |

Hier noch ein paar Bilder zum Gestalten der Steckbriefe.

A2

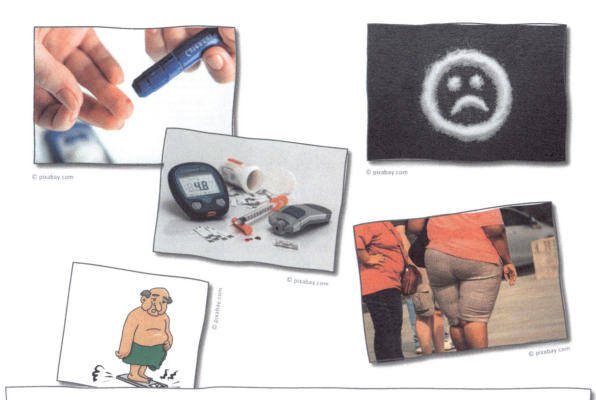

## Lernfeld 7: Ausgewogene und bedarfsgerechte Ernährung von Kunden und Gästen

Lernaufgabe 7.4: Diabetes mellitus und Adipositas – ernährungsbedingte Erkrankungen

Ich kann ...

- den Kohlenhydratstoffwechsel bei Gesunden beschreiben.
- die Stoffwechselerkrankung Diabetes mellitus Typ 1 und Diabetes mellitus Typ 2 beschreiben.
- den Beitrag der Ernährung zur Diabetestherapie darstellen.
- krankhaftes Übergewicht bzw. Fettleibigkeit erklären.
- Hilfestellung bei der Auswahl von Lebensmitteln im Rahmen einer Gewichtsreduktion geben.

Zeitumfang: 8 Unterrichtsstunden

# 7.4 Diabetes mellitus und Adipositas – ernährungsbedingte Erkrankungen

**Informieren**

© Rui Vale de Sousa – stock.adobe.com

Mikas Praktikumsbetrieb bietet u. a. Fingerfood für Firmenevents oder private Feierlichkeiten an. Neulich bestellte eine Kundin mehrere Platten mit Fingerfood für einen Stehempfang bei einer Hochzeit. Da einige ältere Gäste an der Zuckerkrankheit leiden, sollte eine Platte mit Fingerfood belegt sein, das für Diabetiker geeignet ist.

Bei Mikas Onkel wurde vor kurzem auch diese Zuckerkrankheit diagnostiziert.

Mika kann sich unter dieser Krankheit nichts vorstellen. Im Betrieb ist gerade keine Zeit, um ihm seine Fragen zu beantworten. In seiner Familie kann ihm leider auch niemand genauer erklären, was sich hinter dieser Erkrankung verbirgt. Der Onkel erzählt ihm lediglich, dass er unter anderem seine Ernährung umstellen muss. Mika beschließt in der Schule im Fach BK das Thema anzuschneiden. Immerhin geht es dort eh gerade um Ernährung und er möchte das nächste Mal, wenn vielleicht er in seinem Praktikumsbetrieb eine Bestellung für Zuckerkranke entgegennimmt, die Kunden kompetent beraten.

Mikas Lehrerin erklärt, dass die Zuckerkrankheit korrekt Diabetes mellitus genannt wird und tatsächlich eine ernährungsbedingte Erkrankung ist. Der Kohlenhydratstoffwechsel des Körpers ist dabei dauerhaft gestört. Sie schlägt den Schülerinnen und Schülern der Klasse vor, sich genauer zu informieren. Dabei soll auch das krankhafte Übergewicht als möglicher Auslöser der Erkrankung betrachtet werden. Die zusammengetragenen Informationen sollen sie abschließend übersichtlich in Flipbooks darstellen. Mithilfe dieser Flipbooks kann Mika dann auch seinen Familienmitgliedern umfassend die Zuckerkrankheit und das Übergewicht erklären.

**①** Analysiere die Situation und notiere hier alle wichtigen Informationen in Stichpunkten. Notiere dir auch Fragen, Gedanken und Ideen, die wichtig sein könnten.

Dokumentiere von Beginn an deine Arbeitsschritte in der Tabelle auf Seite 129.

# 7.4 Diabetes mellitus und Adipositas – ernährungsbedingte Erkrankungen — Planen

Mikas Lehrerin hat vom Kohlenhydratstoffwechsel des Körpers gesprochen. Davon hat Mika auch noch nie etwas gehört. Deshalb will er damit seine Recherchen beginnen.

② Betrachte das Schaubild und nummeriere die unten stehenden Sätze mithilfe des Ablaufschemas in der richtigen Reihenfolge.

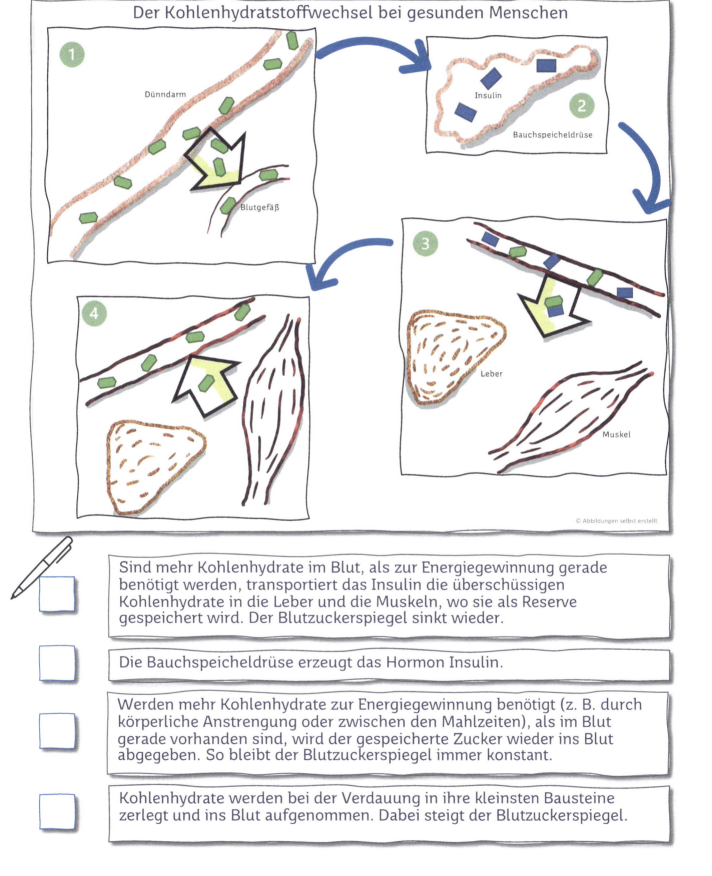

☐ Sind mehr Kohlenhydrate im Blut, als zur Energiegewinnung gerade benötigt werden, transportiert das Insulin die überschüssigen Kohlenhydrate in die Leber und die Muskeln, wo sie als Reserve gespeichert wird. Der Blutzuckerspiegel sinkt wieder.

☐ Die Bauchspeicheldrüse erzeugt das Hormon Insulin.

☐ Werden mehr Kohlenhydrate zur Energiegewinnung benötigt (z. B. durch körperliche Anstrengung oder zwischen den Mahlzeiten), als im Blut gerade vorhanden sind, wird der gespeicherte Zucker wieder ins Blut abgegeben. So bleibt der Blutzuckerspiegel immer konstant.

☐ Kohlenhydrate werden bei der Verdauung in ihre kleinsten Bausteine zerlegt und ins Blut aufgenommen. Dabei steigt der Blutzuckerspiegel.

## 7.4 Diabetes mellitus und Adipositas – ernährungsbedingte Erkrankungen — Planen

Den Kohlenhydratstoffwechsel hat Mika verstanden. Aber wo ist denn die dauerhafte Funktionsstörung in diesem Stoffwechsel bei den an Diabetes mellitus Erkrankten, von der Mikas Lehrerin gesprochen hat? Bestimmt weiß Mikas Ärztin genauer Bescheid. Bei seinem nächsten Besuch fragt Mika nach.

③ Verfolge den Ausschnitt des Gesprächs zwischen Mika und seiner Ärztin und fasse deine gewonnenen Informationen in einem Steckbrief zusammen. Verwende dazu die Kopie der Vorlage auf Seite 131, die du von deiner Lehrkraft erhältst.

**Mika:** Worin liegt denn die Funktionsstörung des Kohlenhydratstoffwechsels, wenn man an Diabetes mellitus erkrankt ist?

**Ärztin:** Nun, beispielsweise kann die Insulinproduktion der Bauchspeicheldrüse vermindert oder gestört sein, oder das Insulin wirkt nur teilweise oder gar nicht. Je nach Ursache unterscheidet man zwei Diabetestypen: Diabetes mellitus Typ 1 und Diabetes mellitus Typ 2. Symptome bei beiden Typen sind starker Durst, womit ein häufiges Wasserlassen einhergeht, Müdigkeit, Abgeschlagenheit, Gewichtsabnahme trotz normaler Ernährung und schlechte Wundheilung.

**Mika:** Welchen Diabetestyp hat denn mein Onkel?

**Ärztin:** Dein Onkel ist an Diabetes mellitus Typ 2 erkrankt. Der meist verbreitetste Typ übrigens. 90 bis 95 % aller Diabetiker sind Typ-2-Diabetiker. Hauptursache von Diabetes Typ 2 ist Übergewicht mit Bewegungsmangel in Kombination mit einer erblichen Anlage. Wird dem Körper sehr viel Nahrung zugeführt, muss die Bauchspeicheldrüse verstärkt Insulin produzieren, was zu einer Abstumpfung der Körperzellen gegenüber Insulin führen kann. Um den Blutzuckerspiegel konstant zu halten produziert die Bauchspeicheldrüse immer mehr Insulin, was sie ermüdet und zu wenig Insulin bilden lässt. Es kommt zu einem relativen Insulinmangel. Meist genügt es, Körpergewicht zu reduzieren, die Ernährung umzustellen und sich mehr zu bewegen. Reicht das nicht aus, helfen Medikamente zur Regulation.
Früher wurde der Typ 2 Diabetes als „Altersdiabetes" bezeichnet, da er meist nach dem 40. Lebensjahr aufgetreten ist. Heute leiden leider immer häufiger Kinder und Jugendliche mit genetisch bedingtem Risiko aufgrund ihres Übergewichtes an diesem Diabetes.

**Mika:** Und was ist dieser Typ 1?

**Ärztin:** Bei diesem Diabetes wird die Bauchspeicheldrüse bei genetischer Veranlagung durch einen Virus so geschädigt, dass sie kein Insulin mehr produzieren kann. Dies ruft einen absoluten Insulinmangel hervor. Sehr häufig tritt dieser Erkrankungstyp bei Kindern, Jugendlichen und jungen Erwachsenen auf. 5 bis 10 % aller Diabetiker sind Typ-1-Diabetiker. Die Patienten können über ihre Ernährung und körperliche Aktivität Einfluss auf den Blutzuckerspiegel nehmen, um die Gabe von Insulin direkt ins Muskelgewebe, kommen sie aber nicht herum.

© Rui Vale de Sousa – stock.adobe.com

# 7.4 Diabetes mellitus und Adipositas – ernährungsbedingte Erkrankungen

**Planen**

Mika hat in dem Gespräch mit seiner Ärztin viele Informationen über die Erkrankung erhalten. Die Therapie ruht demnach auf 3 Säulen: Ernährung, körperliche Aktivität und medikamentöse Behandlung.

Da in der Schule im Fach „Betriebliche Kompetenz" gerade viel über Ernährung gesprochen wird, interessiert sich Mika besonders für diese Therapiesäule. In einem Buch hat er die Ernährungsregeln für Diabetiker gefunden. Diese möchte er gerne auf einem DIN-A4-Blatt anschaulich darstellen.

**4** Lies folgenden Text und erstelle eine Übersicht, auf der du …

… den Nährstoffbedarf in einem Diagramm darstellst. (Verwende dazu dein Wissen aus dem Mathematikunterricht der BFS I. Falls dies nicht mehr so ganz präsent ist, kannst du es mithilfe der Seite 132 auffrischen.)

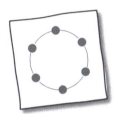

… die tägliche Anzahl der Mahlzeiten angibst.

… beispielhaft Lebensmittel zeigt, die empfohlen werden und die gemieden werden sollen. Dazu kannst du Abbildungen aus den ausliegenden Angebotsblättern verwenden.

---

### Ernährungsregeln für Diabetiker:

Für eine kohlenhydratkontrollierte Vollwertkost sollte …

- ✓ der Gesamtenergiebedarf zu 55 % aus Kohlenhydraten, 30 % aus Fetten und 15 % aus Proteinen gedeckt werden.

- ✓ ein Diabetiker fünf bis sechs kleine Mahlzeiten über den Tag verteilt zu sich nehmen, um den Blutzuckerspiegel konstant zu halten.

- ✓ eine ballaststoffreiche Kost, mit beispielsweise Hülsenfrüchten, Vollkornprodukten, Obst und Gemüse bevorzugt werden. Die Ballaststoffe verzögern stark die Resorption von Traubenzucker, der somit langsam und schrittweise in die Blutbahn übergeht. Aus dem gleichen Grund sind auch stärkehaltige Lebensmittel wie Brote, Brötchen, Kartoffeln und Reis erlaubt.

- ✓ der Zuckerkonsum stark eingeschränkt werden. Werden zuckerhaltige Lebensmittel und Getränke verzehrt, gelangt der darin enthaltene Zucker sofort ins Blut und lässt den Blutzuckerspiegel hoch ansteigen.

# 7.4 Diabetes mellitus und Adipositas – ernährungsbedingte Erkrankungen

Planen

Mika ist jetzt über Diabetes mellitus informiert. Er erzählt seinem Vater von seinen Erkenntnissen. Dieser ist etwas beunruhigt, wegen seinem eigenen Übergewicht und seiner genetischen Vorbelastung als Bruder von Mikas Onkel.

Da fällt Mika ein, dass er sich ja auch über krankhaftes Übergewicht informieren soll, um es in einem Flipbook darzustellen. Im Internet findet er einen informativen Film, den er sich anschaut.

 **5** Schaue dir das Video zu Adipositas/Fettleibigkeit an. Vervollständige anschließend den Lückentext mit den angegebenen Wörtern.

Was bedeutet Adipositas? | Stiftung Gesundheitswissen - YouTube

---

BMI – Abnehmbereitschaft – übergewichtig – Fett – Psychische Probleme – Gewicht – Diabetes mellitus Typ 2 – Zusammensetzung – Fettleibigkeit – mehr sitzende – verbraucht – 30 – Viertel

---

Immer mehr Deutsche sind _____. Ist der Fettanteil im Körper übermäßig hoch, spricht man von Adipositas oder auch _____. Rund ein _____ der Bevölkerung ist bereits betroffen.

Als Kriterium für die Einstufung in verschiedene Gewichtsgruppen wird der **Mass Index** (_____) herangezogen. Ab Werten von _____ spricht man von Adipositas. Allerdings bietet der BMI keinen exakten Aufschluss über _____ des Körpers.

*Möchtest du deinen eigenen BMI berechnen, dann schaue auf Seite 130. Dort findest du einen Ausschnitt aus LA 4.5 zu dem Thema.*

Ursache von Übergewicht ist grundsätzlich eine positive Energiebilanz. Dies bedeutet, dass _____ Energie aufgenommen wird, als der Körper durch Stoffwechsel oder Bewegung _____. Der Energieüberschuss wird als _____ gespeichert.

Ursachen für Übergewicht sind in dem modernen Lebensstil zu finden. Es herrscht ein Überangebot an Nahrung, dem überwiegend _____ Tätigkeiten gegenüber-stehen. _____ _____ werden häufig mit Nahrungsaufnahme kompensiert.

Folgen des Übergewichtes sind nicht nur die Einschränkung der Lebensqualität, _____ _____ _____, Herzerkrankungen, Demenz und Unfruchtbarkeit bei Männern.

Langfristiges Ziel muss es sein _____ zu reduzieren. Dies bedarf einer Umstellung des Lebensstils, ein verändertes Lebensumfeld, einer vorhandenen _____ sowie dem Ausschalten möglicher psychischer Einflussfaktoren.

| 7.4 | Diabetes mellitus und Adipositas – ernährungsbedingte Erkrankungen | Planen |  |

Bei der Adipositas-Therapie dreht sich also alles um die Gewichtsreduktion. Mikas Vater möchte auch gerne ein paar Kilos verlieren, weiß aber gar nicht, wie er das anstellen soll. Mika erinnert sich an den Unterricht in „Berufliche Kompetenz" in der Schule. Dort wurde gerade erst die vollwertige Ernährung besprochen. Mika erklärt seinem Vater, dass er sich bewusster ernähren müsse und am besten die zehn Regeln der DGE beachten solle, die er ihm direkt erklärt. Mikas Vater bemerkt, dass die Lebensmittel, die er überwiegend verzehrt, nicht so gut in die vollwertige Ernährung passen. Diese müssen also ausgetauscht werden. Aber welche Lebensmittel soll er stattdessen essen? Mika und er überlegen gemeinsam. Hilfst du mit?

6 Nenne Lebensmittel, die anstelle der abgebildeten energiereichen Lebensmittel gegessen werden könnten.

Alternative Lebensmittel zu …

… Fruchtgummi:                    … Sahnequark:

… Cornflakes:                     … Croissants:

… Cola:                           … Butter:

… Cupcakes:                       … Pizza:

… Eiscreme:                       … Schnitzel mit Pommes:

… Wurstbroten:                    … hellen Brötchen:

# 7.4 Diabetes mellitus und Adipositas – ernährungsbedingte Erkrankungen

Entscheiden

Mika fühlt sich inzwischen gut informiert, um die Flipbooks zu Diabetes mellitus und Adipositas zu erstellen. Er überlegt daher, welche Materialien er braucht und wie er seine Flipbooks gestalten möchte.

(7) Scanne den QR-Code und schaue dir das Video „Methode: Flipbook erstellen" an. Mache dir Notizen, welche Inhalte du in deine Flipbooks bringen möchtest.

Methode: Flipbook erstellen - YouTube

**Ideensammlung – meine Flipbooks:**

Überlege dir auch, wie viele Register deine Flipbooks haben sollen!

Durchführen

(8) Erstelle nun deine kreativen und informativen Flipbooks.

Verwende gerne auch buntes Papier.

| 7.4 | Diabetes mellitus und Adipositas – ernährungsbedingte Erkrankungen | Kontrollieren  |

Mika ist mit seinen Flipbooks fertig. Er zeigt sie im Unterricht seiner Lehrerin und seinen Mitschülerinnen und Mitschülern.

**9** Tausche deine Flipbooks mit deiner Banknachbarin oder deinem Banknachbarn aus: Schaut euch das jeweilige Arbeitsergebnis an. Gebt euch gegenseitig ein Feedback.

Rückmeldung für meine Flipbooks von

| Kriterium | 👍 | ✋ | 👎 |
|---|---|---|---|
| Die Flipbooks sind ordentlich gefaltet, getackert und beschriftet. | | | |
| Die Flipbooks sind mit dekorativen Bildern oder Zeichnungen ergänzt. | | | |
| Die Flipbooks sind abwechslungsreich und unterschiedlich gestaltet. | | | |
| Die Inhalte der Flipbooks sind vollständig. | | | |
| Die Inhalte der Flipbooks sind verständlich und interessant formuliert. | | | |

© Rui Vale de Sousa – stock.adobe.com

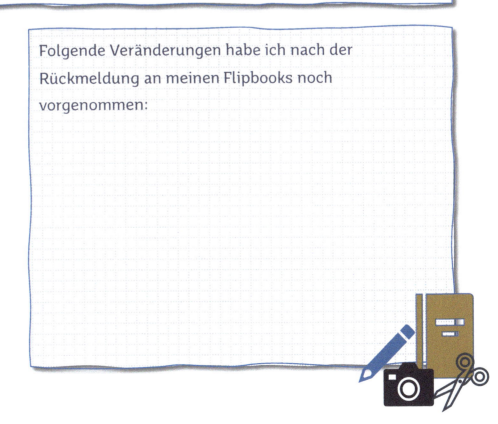

Folgende Veränderungen habe ich nach der Rückmeldung an meinen Flipbooks noch vorgenommen:

| 7.4 | Diabetes mellitus und Adipositas – ernährungsbedingte Erkrankungen | Bewerten  |

Mika kann jetzt mithilfe seiner Flipbooks seine Familienmitglieder über die beiden ernährungsbedingten Erkrankungen informieren. Er bedankt sich bei dir für die tolle Unterstützung.

**10** Wie zufrieden bist du mit deiner Arbeit?

Trage <u>links</u> in die Blätter Dinge ein, mit denen du nicht zufrieden bist, die du verbessern möchtest.

In die <u>Mitte</u> schreibst du Dinge, die ganz in Ordnung waren und

<u>rechts</u> Dinge, die dir schon sehr gut gelungen sind.

© Rui Vale de Sousa – stock.adobe.com

# 7.4 Diabetes mellitus und Adipositas – ernährungsbedingte Erkrankungen — Abschluss

Überprüfe mithilfe der Tabelle, ob du alle Aufgaben bearbeitet hast.

Bewerte dabei nach Erledigen aller Handlungsprodukte deinen Lernstand am Ende der Lernaufgabe. Verwende dabei folgende Zeichen:

- ++ : Das kann ich richtig gut.
- + : Das kann ich.
- - : Das kann ich nicht so gut und schaue es mir nochmal an.

> Führe diese Tabelle parallel zu den Lernschritten der Lernaufgabe.

Dokumentiere in der Tabelle deine einzelnen Lernschritte.

| Nr. | Handlungsprodukte | erledigt am: | Bewertung: | Unterschrift: |
|---|---|---|---|---|
| 1 | Notizzettel | | | |
| 2 | Ablauf Kohlenhydratstoffwechsel | | | |
| 3 | Steckbrief Diabetes mellitus | | | |
| 4 | Ernährung von Diabetikern | | | |
| 5 | Lückentext Adipositas | | | |
| 6 | Alternative Lebensmittel bei einer Gewichtsreduktion | | | |
| 7 | Festlegen Inhalt und Gestaltung der Flipbooks | | | |
| 8 | Flipbooks erstellen | | | |
| 9 | Feedback | | | |
| 10 | Selbstreflexion | | | |

Möchtest du deinen eigenen BMI berechnen und herausfinden ob dein Gewicht Unter-, Normal- oder Übergewicht entspricht?

## BMI

Der BMI (Body Mass Index) ist eine Zahl, die das Körpergewicht in Relation zur Körpergröße ausdrückt. Mit dieser Zahl kann man grob einordnen, ob man Untergewicht, Normalgewicht oder Übergewicht hat. Allerdings gibt diese Zahl keine Auskunft über den Zustand der körperlichen Fitness. Eine sportliche Person mit vielen Muskeln ist z. B. schwerer als eine untrainierte Person, aber deswegen bestimmt nicht übergewichtig.

Berechnet wird der BMI folgendermaßen:

$$BMI = \frac{Körpergewicht\ in\ kg}{(Körpergröße\ in\ m)^2}$$

Berechne deinen BMI und suche den dazugehörenden Punkt auf der unten genannten Website.

Sei kritisch mit dir selbst. Bin ich sportlich? Bin ich ein Couchpotato? Müsste ich dringend etwas an meinem Gewicht ändern?

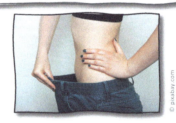

## Einordnung des BMI

Besuche im Internet die Seite:

bmirechner.net

Dort findest du eine Grafik in der du dein Gewicht in Relation zu deiner Körpergröße einordnen kannst.

Finde heraus, ob dein Gewicht Normal-, Über- oder Untergewicht ist.

Bist du zufrieden damit?

Falls nein, was könntest du mit dem Wissen, das du jetzt hast, verändern?

# Diabetes mellitus

## Symptome:

_____

### Typ 1     Ursache:     Typ 2

| | |
|---|---|
| _____ | _____ |
| _____ | _____ |
| _____ | _____ |
| _____ | _____ |
| _____ | _____ |
| _____ | _____ |

### Häufigkeitsverteilung bei Diabeteserkrankten:

_____     _____

### Alter, in dem die Erkrankung meist auftritt:

_____     _____

### Therapie:

_____     _____

_____     _____

### Vorbeugung:

_____     _____

**7.4** Diabetes mellitus und Adipositas – ernährungsbedingte Erkrankungen — Anhang

Will man Anteile miteinander vergleichen, werden sie meist in Prozent (%) angegeben. Die Prozente bzw. das Verhältnis der Prozente zueinander lassen sich oft leichter mithilfe grafischer Darstellungen erfassen.

## Erstellen eines Kreisdiagramms

Als Darstellungsform von Teilwerten eines Ganzen eignet sich das Kreisdiagramm am besten. Die prozentualen Anteile lassen sich dabei sehr gut miteinander vergleichen.

Betrachten wir beispielsweise die Zusammensetzung von Eiscreme. Ihr Energiegehalt stammt zu **40 % aus Kohlenhydraten**, zu **8 % aus Proteinen** und zu **52 % aus Fetten**.

Den Radius des Kreisen können wir frei wählen.

Der ganze Kreis ist ein Vollwinkel mit 360°.

100 % entsprechen folglich 360°.

$$100\ \% \triangleq 360°$$
$$1\ \% \triangleq 3{,}6°$$

Jedes Prozent entspricht somit 3,6°.

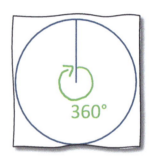

Damit entsprechen

$$1\ \% \triangleq 3{,}6°$$
$$40\ \% \triangleq 144°$$
$$8\ \% \triangleq 28{,}8°$$
$$52\ \% \triangleq 187{,}2°$$

40 % einem Winkel von 144°,
8 % einem Winkel von 28,8° und
52 % einem Winkel von 187,2°.

Energieliefernde Nährstoffe in Eiscreme:

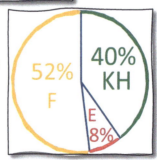

A2

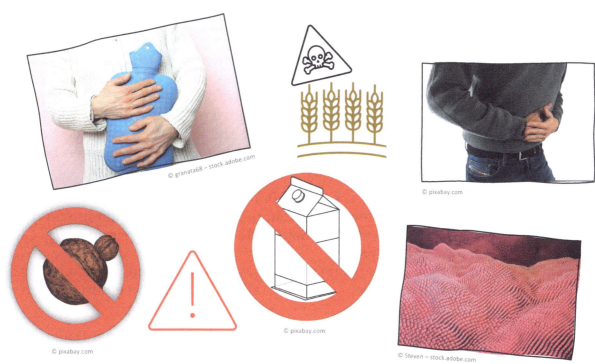

## Lernfeld 7: Ausgewogene und bedarfsgerechte Ernährung von Kunden und Gästen

Lernaufgabe 7.5: Wenn Lebensmittel unverträglich sind

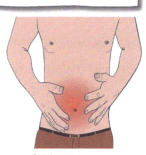

Ich kann ...

- Häufig vorkommende Lebensmittelunverträglichkeiten hinsichtlich ihrer immunologischen Reaktion einteilen.

- die Überreaktion des Immunsystems bei einer Lebensmittelallergie erklären.

- Allergene auf Zutatenlisten identifizieren.

- Die lebensmittelrechtlichen Vorgaben zur Kennzeichnung der 14 Allergene beispielhaft umsetzen.

- Ursache, Verlauf und Symptome von Glutenunverträglichkeit und Laktoseintoleranz beschreiben.

- Kunden bzw. Gästen mit Glutenunverträglichkeit und Laktoseintoleranz Ernährungstipps geben.

- häufig gestellte Fragen (FAQs) erkennen, formulieren und beantworten.

Zeitumfang: 10 Unterrichtsstunden

## 7.5 Wenn Lebensmittel unverträglich sind — Informieren

Celina hat inzwischen richtig Spaß daran, die Kunden in der Bäckerei zu bedienen. Gestern war sie dann doch wieder ziemlich gefordert. Eine Kundin fragte sehr konkret nach den Inhaltsstoffen verschiedener Backwaren. Sie wollte unter anderem wissen, ob in den Broten Laktose drin sei oder auch welcher Kuchen auf jeden Fall ohne Nüsse gebacken sei. Die Kundin erklärte Celina, dass sie eine kleine Geburtstagsfeier im Büro organisieren möchte, aber einige Kolleginnen bestimmte Lebensmittel nicht vertragen.

Celina sagte der Kundin, dass sie als Praktikantin diese Fragen nicht sicher beantworten kann. Sie bat dann ihre erfahrene Kollegin um Unterstützung. Diese beriet die Kundin sehr souverän. Es fielen Worte wie Laktoseintoleranz, Glutenunverträglichkeit und Nussallergie.
Celina hörte zwar sehr aufmerksam zu, verstand jedoch viele Aussagen und vor allem die Zusammenhänge nicht. Sie war allerdings sehr beeindruckt von dem Wissen ihrer Kollegin.

Da Celina selbst nach dem Verzehr von Milchprodukten manchmal Bauchschmerzen hat, möchte sie sich über das Thema nun genauer informieren. In der Schule berichten ihre Mitschüler zudem von ähnlichen Kunden- bzw. Gästefragen aus den Praktikumsbetrieben. Im Klassenteam besprechen sie dann mit der Lehrerin im Fach BK, dass sie den Lebensmittelunverträglichkeiten auf den Grund gehen wollen. Sie beschließen Infoheftchen zu erstellen, in denen häufig aufkommende Fragen, sogenannte *FAQs*, beantwortet werden. Diese Infoheftchen können sowohl in der Schule als auch im Praktikumsbetrieb genutzt werden.

① Analysiere die beschriebene Situation, indem du die wichtigsten Inhalte hinsichtlich der Ausgangslage, der Problemstellung und des Arbeitsproduktes notierst.

> Dokumentiere von Beginn an deinen Lernweg auf Seite 147.

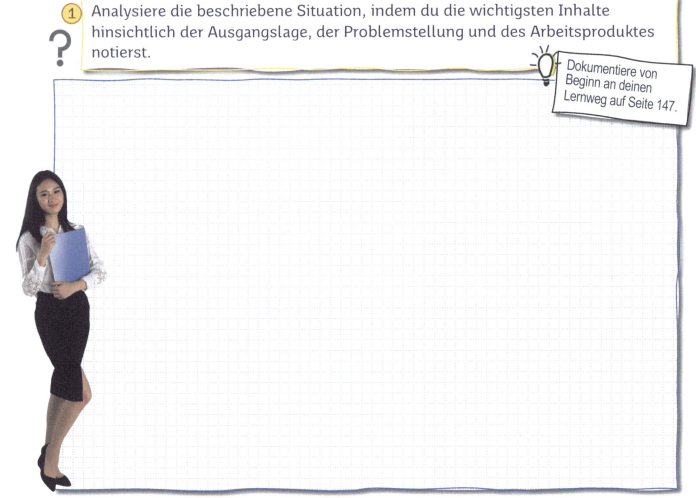

# 7.5 Wenn Lebensmittel unverträglich sind — Planen

Celina erinnert sich an die unterschiedlichen Begriffe während des Gesprächs ihrer Kollegin mit der Kundin in der Bäckerei. Als erstes will sie diese Begriffe verstehen. Im Internet findet Celina Informationen.

**②** Lies dir nachfolgenden Text aufmerksam durch. Ergänze die markierten Schlüsselwörter in den Lücken der darunter abgebildeten Übersicht.

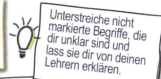
*Unterstreiche nicht markierte Begriffe, die dir unklar sind und lass sie dir von deinen Lehrern erklären.*

### Lebensmittelunverträglichkeiten – ein Überblick

Die meisten Menschen können die große Vielfalt des Lebensmittelangebots uneingeschränkt genießen. Allerdings steigt auch die Anzahl der Menschen, die manche Lebensmittel bzw. bestimmte Inhaltsstoffe nicht gut vertragen oder, unter Umständen, sogar nach deren Verzehr in lebensbedrohliche Situationen geraten. Wenn Lebensmittel unverträglich sind, ist es wichtig für die betroffenen Personen die genauen Ursachen zu kennen. Es gibt verschiedene Arten von Unverträglichkeiten gegenüber Lebensmitteln mit jeweils unterschiedlich schweren Folgen.

Lebensmittelunverträglichkeit ist der Oberbegriff für ==Überreaktionen des Körpers== auf bestimmte Lebensmittel. Diese Überreaktionen des Körpers werden entweder durch das Immunsystem des Menschen ausgelöst (==immunologische Reaktionen==) oder es sind Überreaktionen, die ohne Beteiligung des Immunsystems ablaufen (==nicht immunologische Reaktionen==) und z. B. direkt an den Organen oder Schleimhäuten passieren. Überreaktionen des Körpers äußern sich beim Menschen sehr vielfältig, z. B. durch heftige Bauchkrämpfe, Hautausschläge mit starkem Juckreiz oder durch Anschwellen von Schleimhäuten mit Niesanfällen oder sogar Atemnot usw.

Zu den immunologischen Überreaktionen gehören die ==Lebensmittel-Allergien==, z. B. ==Nussallergie oder Milchallergie==, und die ==Glutenunverträglichkeit== (Gluten bildet sich bei der Verarbeitung einiger Getreidesorten).

Zu den nicht immunologischen Überreaktionen gehören ==Lebensmittelintoleranzen==, z. B. die ==Laktoseintoleranz== oder Fruktoseintoleranz.

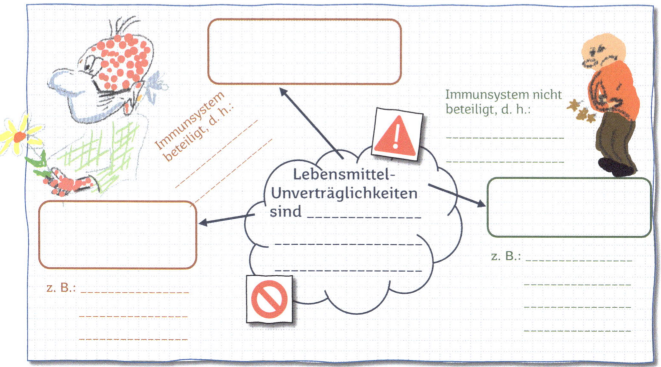

## 7.5 Wenn Lebensmittel unverträglich sind — Planen

Celina weiß die verschiedenen Begriffe nun schon grob einzuschätzen. Sie nimmt sich vor, nacheinander Informationen zu den Unverträglichkeiten zu sammeln. Starten will sie mit der Lebensmittelallergie.

**3**
(1) Lies dir nachfolgenden Text aufmerksam durch.
(2) Schau dir im Anschluss den Film unter dem QR-Code (siehe unten) an.
(3) Lies den Text erneut und notiere dir für dich neue und wichtige Inhalte.
(4) Tausche dich mit deiner Banknachbarin zu euren Notizen aus.

### Was ist eine Lebensmittel-Allergie?

Bei einer Allergie gegen Lebensmittel reagiert das Immunsystem überempfindlich auf eigentlich harmlose, körperfremde Substanzen. Diese Substanzen, die Allergien gegenüber Lebensmitteln auslösen, sind immer Eiweiße von Lebensmitteln. Man bezeichnet diese auslösenden Eiweiße als „Allergene". Das Immunsystem reagiert bereits auf sehr geringe Mengen. Auch andere Substanzen, z. B. Pollen oder Tierhaare, können Allergien auslösen.

Zu allergischen Reaktionen kommt es nach dem Verzehr von allergenen Lebensmitteln am häufigsten in den Atemwegen, auf der Haut, an den Schleimhäuten des Menschen, dem Magen-Darm-Trakt oder dem Herz-Kreislaufsystem. Die allergischen Reaktionen können sofort auftreten oder erst Stunden nach Verzehr der Allergene. Die Reaktionen können leicht sein, z. B. leichtes Hautjucken, oder sehr heftig, z. B. starke Bauchkrämpfe. Im schlimmsten Fall kommt es zu einem anaphylaktischen Schock, bei dem plötzlich das Herz-Kreislaufsystem des betroffenen Menschen zusammenbricht. Dies kann sogar schnell lebensbedrohlich werden.

Bei dem Verzehr von allergenen Eiweißen setzt der Körper eine Kaskade in Gang, die einmal gestartet, selbstständig abläuft und nur schwer zu stoppen ist. Bestimmte Zellen in unserem Blut bilden Antikörper gegen die Allergene. Die Bildung dieser Antikörper verursacht dann wiederum in anderen Zellen die Bildung eines Botenstoffes namens Histamin. Das Histamin löst nun eine Entzündungsreaktion z. B. auf der Haut oder in den Atemwegen aus. Das Immunsystem kämpft also gegen das allergene Lebensmittel. Verzehrt ein gesunder, nicht allergischer Mensch, das gleiche Allergen, passiert nichts, keine Antikörper, kein Histamin, keine Entzündungsreaktion.

*Eine Kaskade ist eine schrittweise Abfolge von Reaktionen.*

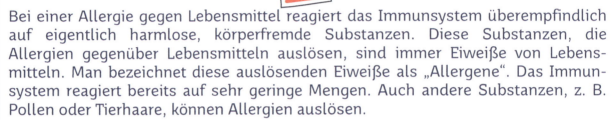

*Schau dir nun den Film an, indem du den QR-Code scannst.*

https://gesund.bund.de/assets/200804_allergien-2.mp4

**Notizen**

| 7.5 | Wenn Lebensmittel unverträglich sind | Planen |  |

Celina findet diese Reaktionen des Körpers sehr spannend. Sie will noch mehr ins Detail gehen.

4) Sieh dir die nachfolgende Abbildung mit den Gedankenblasen und Hinweisen genau an. Lass dir Zeit, um die Aussagen der Abbildung nachzuvollziehen.

Verfasse daraus einen Erklärtext mit deinen Worten. Arbeite mit Textabsätzen, um die einzelnen Schritte sichtbar und eindeutig voneinander abzugrenzen.

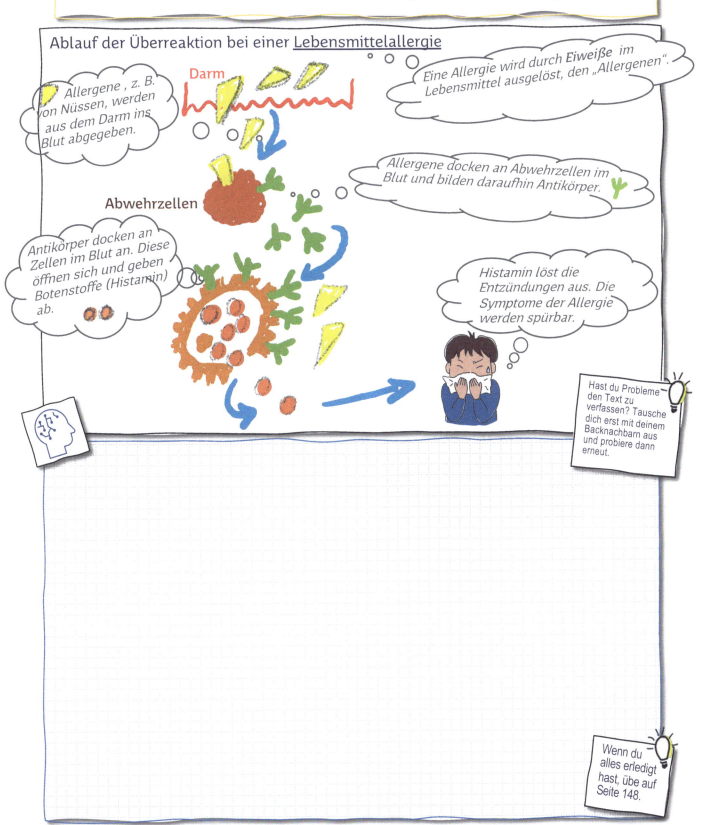

## 7.5 Wenn Lebensmittel unverträglich sind — Planen

Celina hat verstanden wie der Körper bei einer Lebensmittelallergie reagiert und ist erschrocken, wie heftig diese Reaktionen sein können. Sie wird sich nun bewusst, wie wichtig es für allergische Menschen ist zu wissen, in welchen Lebensmitteln Allergene vorhanden sind, um diese dann zu meiden. Selbst kleinste Mengen können schließlich die allergischen Reaktionen auslösen. Ihr fällt wieder das Gespräch in der Bäckerei ein. Woran erkennen Allergiker, in welchen Lebensmitteln Allergene vorkommen, wenn keine kompetente Beratung vor Ort ist, z. B. im Supermarkt? Celina prüft, ob dies auf den Zutatenlisten verpackter Lebensmittel gekennzeichnet ist.

**5** Schau dir die Fotos der Zutatenlisten der verschiedenen Lebensmittel an. Notiere dir zwei Besonderheiten, die dir hinsichtlich der Kennzeichnung möglicher Allergene auffallen. Bestätige deine Beobachtung, indem du weitere Zutatenlisten von Lebensmitteln aus deinem Vorratsschrank untersuchst.

> Auf jedem verpackten Lebensmittel sind alle verwendeten Zutaten in einer Zutatenliste aufgeführt. So ist der interessierte Verbraucher gut informiert.

**Gemüsebouillon**
Zutaten: jodiertes Speisesalz, Aroma, Stärke, Zucker, Kochsalzersatz³, 6% Karotten, Speisesalz, 3% Zwiebeln², 3% KNOLLENSELLERIE², 2,5% Gemüsesaftkonzentrate⁴ (SELLERIE, Karotten, Lauch, Zwiebeln), Gewürze (SELLERIESAMEN, Curcuma, Knoblauch²), Kräuter (Petersilie², Lorbeerblätter), Maiskeimöl. **Kann Spuren von Gluten, Milch, Ei, Soja und Senf enthalten.** Aus nachhaltigem Anbau. Infos unter www.knorr.de ³Gewonnen aus natürlichen Kaliummineralien.

**Bio Chiasamen / Graines de chia bio**
Zutat/Ingrédient
Chiasamen* (Salvia hispanica)
*aus biologischer Landwirtschaft
**Kann Spuren von Gluten, Soja, Mandel, Haselnuss und Sesam enthalten.**

**Semmelbrösel**
Zutaten: Weizenmehl, Hefe, Salz.

**Unsere Raspel Schokolade Vollmilch**
Zutaten: Zucker, Kakaobutter, **Vollmilchpulver**, Kakaomasse, Emulgator Lecithine. Kakao: 32 % mindestens.
**Kann Spuren von Schalenfrüchten enthalten.**

> Beachte sowohl die Formatierung als auch die Inhalte der Zutatenlisten. Dann fallen dir sicher die Besonderheiten auf.

**MACCHERONI** KOCHZEIT 7 MINUTEN n.44
TEIGWAREN AUS HARTWEIZENGRIESS -
Zutaten: **Hartweizengrieß**, Wasser. **Kann Spuren von Sojabohnen enthalten.**

**Pistazien, geröstet, gesalzen**
Zutaten:
98,5% **Pistazien**, Speisesalz.
**Das Produkt kann Spuren von Erdnüssen und anderen Schalenfrüchten enthalten.**

Die Kennzeichnung möglicher Allergene ist zu erkennen an:

1.

2.

# 7.5 Wenn Lebensmittel unverträglich sind — Planen

Celina ist stolz auf ihren Wissensfortschritt. Mika recherchierte auch schon einige Informationen zum Thema Allergien und berichtet Celina, dass es eine rechtliche Vorgabe für die Hersteller gibt, über Allergene in Lebensmitteln zu informieren. Celina wundert sich, da schließlich viele Lebensmittel Eiweiße enthalten, die als mögliche Allergene doch nicht alle gekennzeichnet werden können, oder? Das wäre doch sehr unübersichtlich! Sie geht der Sache weiter nach.

**6** Lies die folgenden Informationen aufmerksam durch. Notiere unklare Aussagen oder Begriffe und besprche diese mit deiner Banknachbarin. Eure Lehrer unterstützen euch!

Die Lebensmittel, die bei der europäischen Bevölkerung am häufigsten Allergien auslösen, müssen für Verbraucher erkennbar sein. Bei verpackten Lebensmitteln erfolgt dies auf den Verpackungen, meist in der Zutatenliste. Bei unverpackten Lebensmitteln, z. B. Backwaren in der Bäckerei oder Wurstwaren in der Fleischerei oder auch Speisen im Restaurant, müssen die Kunden bzw. Gäste nachfragen können. Kompetentes Personal ist hier notwendig!
Vom Gesetzgeber wurden 14 kennzeichnungspflichtige Allergene festgelegt:

| | |
|---|---|
| glutenhaltiges Getreide (z. B. Weizen, Gerste, Roggen, Dinkel) sowie Erzeugnisse daraus | Schalenfrüchte (z. B. Mandel, Haselnuss, Walnuss, Pistazien) und Erzeugnisse daraus |
| Milch und Milcherzeugnisse | Krebstiere und Krebstiererzeugnisse |
| Eier und Eiererzeugnisse | Senf und Senferzeugnisse |
| Fisch und Fischerzeugnisse | Süßlupine und Süßlupinenerzeugnisse |
| Erdnüsse und Erdnusserzeugnisse | Weichtiere (z. B. Schnecken) |
| Soja und Sojaerzeugnisse | Sesam und Sesamerzeugnisse |
| Sellerie und Sellerieerzeugnisse | Schwefeldioxid, Sulfite (ab 10 mg/kg) |

Notizen

Jetzt wird Celina einiges klarer. Sie will es an Beispielen ausprobieren.

**7** Schau dir die Zutaten der Backwaren an und notiere die Allergene, über die Kunden einer Bäckerei informiert werden müssen.

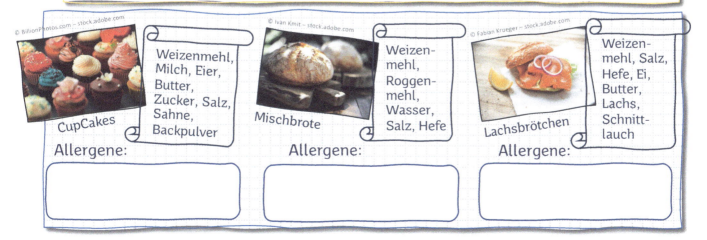

CupCakes — Weizenmehl, Milch, Eier, Butter, Zucker, Salz, Sahne, Backpulver
Allergene:

Mischbrote — Weizenmehl, Roggenmehl, Wasser, Salz, Hefe
Allergene:

Lachsbrötchen — Weizenmehl, Salz, Hefe, Ei, Butter, Lachs, Schnittlauch
Allergene:

# 7.5 Wenn Lebensmittel unverträglich sind — Planen

Celina und Mika sind wirklich begeistert von ihren Recherchen. Mika erinnert sich, dass Kunden in der Fleischerei häufig nach dem Inhalts-stoff Gluten fragten. Da Gluten nun auch in der Liste der 14 häufigsten und kennzeichnungspflichtigen Allergene auftaucht, schlägt er vor, dass Celina und er zu dieser Unverträglichkeit mehr Informationen zusammentragen. Celina ist gerne dabei!

**8** Informiere dich über Gluten und die Glutenunverträglichkeit mithilfe des folgenden **Textes** und recherchiere selbst im Internet. Markiere dabei im Text wichtige Aussagen, um damit später die ablaufenden Schritte bei der Glutenunverträglichkeit skizzieren zu können.

> Schau dir den Film hinter dem QR-Code an oder folge dem Link:
> https://www.youtube.com/watch?v=GBR2fbWEXf4

### Gluten, was ist das und wo kommt es vor?
Gluten (*sprich Glutehn*) ist ein Eiweiß, das in verschiedenen Getreidearten enthalten ist. Gluten im Getreide wirkt sich positiv auf seine Backeigenschaften aus. Natürlicherweise kommt Gluten vor allem in folgenden Getreidearten vor: Weizen, Dinkel, Roggen und Gerste. Auch seltener verwendete Getreidearten, wie z. B. Grünkern oder Emmer, enthalten Gluten. Da in vielen Fertigprodukten oder verarbeiteten Produkten, z. B. Pommes frites, Suppen oder Bratwurst, Getreideprodukte, wie z. B. Stärke, verarbeitet werden, ist auch hier Gluten enthalten, ohne dass man dabei an die Zutat Getreide denkt. Glutenfreie Getreide sind z. B. Reis, Mais oder Hirse.

### Wie läuft eine Glutenunverträglichkeit ab und welche Symptome kommen vor?
Nehmen betroffene Menschen mit der Nahrung Gluten auf, reagiert das Immunsystem bereits auf sehr geringe Mengen überempfindlich. Durch die Ausschüttung von Entzündungsstoffen wie bei der Allergie, werden bei der Glutenunverträglichkeit Entzündungen an der Dünndarmschleimhaut verursacht. Wird immer wieder Gluten gegessen, entzündet sich die Schleimhaut dauerhaft und somit wird die Oberfläche des Dünndarms mit der Zeit völlig zerstört. Da diese Oberfläche des Dünndarms jedoch dafür verantwortlich ist, dass die Nährstoffe aus der Nahrung ins Blut aufgenommen und verteilt werden, liegen hier die Ursachen für das Krankheitsbild. Eine zerstörte Dünndarmoberfläche nimmt kaum Nährstoffe auf, diese verbleiben dann im Darm bzw. gelangen in den Dickdarm und werden ausgeschieden. Es kommt zu Symptomen wie starkem Gewichtsverlust, fettigen Durchfällen und/oder heftigen Bauchschmerzen. Die starke Entzündung der Dünndarmschleimhaut bezeichnen Ärzte als Zöliakie.

> Zur Erinnerung: Gluten gehört zu den 14 kennzeichnungspflichtigen Allergenen!

### Wie können glutenhaltige Produkte erkannt werden?
Bei verpackten Produkten natürlich über die Zutatenliste.
Da glutenunverträgliche Menschen glutenfrei essen müssen, um keine Entzündungen ihrer Darmschleimhaut zu verursachen, benötigen sie hier absolute Sicherheit. Es ist daher gesetzlich geregelt, dass glutenfreie Produkte mit einer durchgestrichenen Ähre (s. Abb.) gekennzeichnet werden dürfen. Diese Kennzeichnung garantiert dem Verbraucher, dass weniger als 20 mg pro 1 kg Lebensmittel enthalten sind.

**Ist was unklar? Notiere es und kläre es!**

> Weitere Infos findest du unter:
> https://www.bzfe.de/ernaehrung/ernaehrungswissen/gesundheit/unvertraeglichkeiten-frei-von-im-trend/zoeliakie
> ...oder hier hinter dem rechten QR-Code:
> https://www.youtube.com/watch?v=crdJdW8zK_8

7.5 Wenn Lebensmittel unverträglich sind — Planen

Wow! Das sind für Celina und Mika viele und teilweise komplizierte Informationen. Sie nehmen sich vor, die wichtigsten Schritte beim Ablauf einer Glutenunverträglichkeit übersichtlich darzustellen. Celina schlägt eine Skizze ähnlich einem Ablaufplan vor. Die beiden wollen es gemeinsam versuchen.

⑨ Bilde mit Mitschülern ein Zweierteam. Skizziert die wesentlichen Schritte des Ablaufs der Glutenunverträglichkeit nach dem Verzehr eines glutenhaltigen Lebensmittels.
Ergänzt die bereits begonnene, nachfolgende Skizze und formuliert im Anschluss zwei Ernährungstipps für Betroffene.

Unser Team:

Mensch mit Glutenunverträglichkeit isst glutenhaltiges Getreide, z. B. Roggenbrot

Das Immunsystem verursacht Entzündungen der Dünndarmschleimhaut.

 Eure Ernährungstipps für Menschen mit Glutenunverträglichkeit:

# 7.5 Wenn Lebensmittel unverträglich sind — Planen

Mit Allergien und der Glutenunverträglichkeit kennt Celina sich nun gut aus. Die Kundin in der Bäckerei sprach noch von einer Unverträglichkeit gegenüber Laktose, sie nannte es Laktoseintoleranz. Celina selbst hat nach dem Verzehr von Milchprodukten auch oft Bauchschmerzen und fragt sich, ob das vielleicht eine Ursache sein könnte. Celina plant nun also noch mehr über die Laktoseintoleranz zu erfahren.

**10** Informiere dich über Laktoseintoleranz mithilfe des Textes und im Internet. Ergänze im Anschluss die Abbildung auf Seite 143 und beantworte mögliche Kunden- bzw. Gästefragen. Ergänze zudem selbst Fragen.

Recherchetipp:
https://www.bzfe.de/ernaehrung/ernaehrungswissen/gesundheit/unvertraeglichkeiten-frei-von-im-trend/laktoseintoleranz

### Laktose, was ist das?
Laktose = Milchzucker ist ein Kohlenhydrat, ein Zweifachzucker. Laktose ist in Milch und daraus hergestellten Produkten enthalten. Vielen Lebensmitteln wird die süße Laktose auch aus technologischen Gründen zugesetzt, z. B. Wurstwaren, Broten oder Fertiggerichten.

### Laktoseintoleranz, was ist das?
Laktoseintoleranz = Milchzuckerunverträglichkeit, wird durch einen Enzymdefekt ausgelöst. Bei der Verdauung ist das Enzym Laktase im Dünndarm zuständig für die Spaltung der Laktose in ihre Einfachzucker. Diese gelangen dann ins Blut und stehen dort dem Stoffwechsel zur Verfügung.

*Zur Erinnerung: Enzyme spalten Nährstoffe bei der Verdauung.*

Bei Laktoseintoleranz ist das Enzym Laktase, welches Laktose spaltet, im Dünndarm nicht vorhanden oder nur in geringen Mengen. Laktose wird somit im Dünndarm **nicht** gespalten. Sie gelangt mit dem Nahrungsbrei in den Dickdarm, da Zweifachzucker aus dem Dünndarm nicht ins Blut aufgenommen werden können. Im Dickdarm befinden sich Bakterien, die Laktose nun verzehren. Dies geschieht durch Gärung, bei der Bakterien Gase, wie z. B. Methan oder Kohlenstoffdioxid, sowie Säuren, wie z. B. Milchsäure oder Essigsäure, bilden.

*Intoleranz = Unverträglichkeit*

### Welche Symptome treten bei der Laktoseintoleranz auf?
Durch die gebildeten Gase und Säuren entstehen im Dickdarm Blähungen, Reizungen und folglich starke Bauchkrämpfe. Manchmal bindet Laktose im Dickdarm auch noch Wasser an sich, was zu heftigen Durchfällen führen kann.

### Was kann man tun bei Laktoseintoleranz?
Im Gegensatz zu einer Allergie, ist bei der Laktoseintoleranz das Immunsystem nicht beteiligt. Lebensbedrohliche, nicht mehr kontrollierbare Situationen, bleiben daher aus.
Je nachdem, ob und wie viel Enzym Laktase im Dünndarm noch aktiv ist, werden bei Laktoseintoleranz sogar geringe Mengen Laktose vertragen.

Ist noch wenig Laktase im Dünndarm vorhanden, kann diese auch Laktose spalten und somit verdauen. Betroffene Menschen sollten maximal so viel Laktose essen, dass keine Beschwerden auftreten.
Da viele Menschen laktoseintolerant sind, bietet die Nahrungsmittelindustrie immer mehr laktosefreie Produkte auf dem Markt an. Diesen Lebensmitteln wird der Zweifachzucker Laktose technologisch entzogen und stattdessen wird verdaulicher Einfachzucker zugesetzt. Die Lebensmittel sind daher meist süßer im Geschmack als entsprechende laktosehaltige Lebensmittel. Gesunde Menschen benötigen diese Produkte nicht!

Ist was unklar? Notiere es und kläre es!

# 7.5 Wenn Lebensmittel unverträglich sind — Planen

Ergänze die Abbildung und beantworte die Fragen des Kunden Timo.

1. Timo: „Was ist Laktose und in welchen Lebensmitteln ist sie enthalten?"

2. Ergänze die leeren Felder der Abbildung.

   Timo bestellt und trinkt mit seiner Freundin einen Milchkaffee…

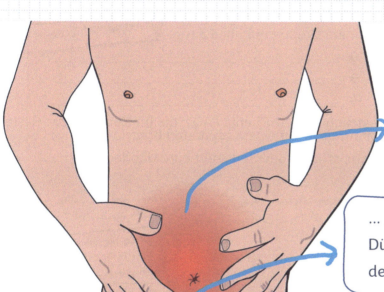

… im Dünndarm fehlt _____

… _____ gelangt vom Dünndarm ungespalten in den _____

… durch _____ der Dickdarmbakterien entstehen _____, die u. a. Blähungen verursachen.

4. Timo: „Wie unterscheidet sich Laktoseintoleranz von der Lebensmittel-Allergie, z. B. einer Milchallergie?"

5.

Hier ist nun Platz für deine selbst erarbeiteten Kunden- bzw. Gästefragen, natürlich mit Antworten.

6.

# 7.5 Wenn Lebensmittel unverträglich sind — Entscheiden & Durchführen

Celina ist sehr zufrieden mit ihrer bisherigen Planung. Sie fühlt sich nun auch in der Lage dieses schwierige Thema zu überblicken. Gemeinsam mit Mika und Annalena aus ihrer Klasse will Celina nun entscheiden, wie die Infoheftchen mit den FAQs, also den häufig gestellten Fragen, informativ und übersichtlich werden.

*Zeit für Teamarbeit.*

**11** Bildet Dreierteams und …

1) … entscheidet im Team, wie eure Infoheftchen mit den FAQs gestaltet werden. Einigt euch auf ein gemeinsames Layout, z. B. dreigeteiltes DIN-A4-Blatt oder Minibook o. ä. Notiert bzw. skizziert eure Entscheidung.

2) … entscheidet im Team über den Aufbau der Inhalte der drei Themenbereiche, z. B. durch Festlegen von Inhaltsverzeichnissen.

3) … teilt jedes der drei Themen einem Gruppenmitglied zu: *Verantwortlich für dieses Thema ist:*
   - Lebensmittelallergie → _____
   - Glutenunverträglichkeit → _____
   - Laktoseintoleranz → _____

4) … jedes Teammitglied überlegt sich für sein Thema FAQs, die für Kunden bzw. Gäste interessant sein könnten. Notiert diese auf einem separaten Blatt.

5) … besprecht eure FAQs im Team, ergänzt oder reduziert eure Überlegungen entsprechend.

---

**Notizen, Skizzen**

*Diese Internetquellen könnten euch noch helfen bei den FAQs:*

https://www.bzfe.de/service/news/aktuelle-meldungen/news-archiv/meldungen-2019/januar/allergie-oder-lebensmittelunvertraeglichkeit/

https://www.bzfe.de/ernaehrung/ernaehrungswissen/gesundheit/unvertraeglichkeiten-frei-von-im-trend/laktoseintoleranz/

---

**12** Erstellt nun eure Infoheftchen mit FAQs, wie ihr es geplant habt. Jeder ist für die Gestaltung seines gewählten Themenbereichs verantwortlich.

| 7.5 | Wenn Lebensmittel unverträglich werden | Kontrollieren |  |

Das Team Celina, Mika und Annalena ist sehr zufrieden mit den erstellten Infoheftchen. Sie haben häufig gestellte Fragen zusammengetragen und natürlich beantwortet. Nun wollen sie ihre Ausarbeitungen natürlich in der Klasse veröffentlichen.

**13** Legt eure Infoheftchen im Klassenraum aus und startet einen Rundgang.

Vergleicht die Ausarbeitungen eurer Mitschüler mit euren und wählt zwei Heftchen aus, zu denen ihr Rückmeldung gebt. Ergänzt hierfür die folgenden Tabellen eurer Mitschüler.

Diese Rückmeldungen habe ich zu meinem Infoheftchen erhalten.

| Kriterien | ☺ | 😐 | ☹ | Kriterien | ☺ | 😐 | ☹ |
|---|---|---|---|---|---|---|---|
| informativ | | | | informativ | | | |
| verständlich | | | | verständlich | | | |
| anschaulich | | | | anschaulich | | | |

Das möchte ich noch rückmelden:        Das möchte ich noch rückmelden:

Rückmeldung von: _____        Rückmeldung von: _____

Folgende Veränderungen möchte ich nach dem Vergleich mit anderen Infoheftchen noch einarbeiten bzw. vornehmen.

-
-
-

| 7.5 | Wenn Lebensmittel unverträglich sind | | Bewerten |  |

Celina ist sehr stolz auf ihr Wissen. Die Infoheftchen zu den Lebensmittelallergien, der Glutenunverträglichkeit und der Laktoseintoleranz hat sie bereits in ihrem Praktikumsbetrieb gezeigt. Die Chefin war begeistert und wird die Heftchen an interessierte bzw. betroffene Kunden der Bäckerei ausgeben.

**14** Wie zufrieden bist du mit deinem Ergebnis?

Nutze den Feedback-Burger und schreibe ein paar Sätze zu deiner Arbeitsweise und der Teamarbeit auf. Reflektiere dann, was dich an diesem Thema besonders interessiert hat.

**Feedback-Burger**

 Ich finde gut, dass

 Mir ist aufgefallen, dass

 Mich stört, dass

 Ich mag nicht, dass

 Ich wünsche mir vom Team, dass

An meinem Team fand ich super, dass

An diesem Thema hat mich besonders interessiert:

| 7.5 | Wenn Lebensmittel unverträglich sind | | Mein Lernweg |  |

*Dokumentiere von Beginn an deinen Lernweg.*

*Kennzeichne in dieser Spalte, ob du dir bei diesem Themenbereich sicher bist. Bist du noch unsicher, wiederhole die Inhalte!*

| Handlungsprodukte | erledigt am: | Ich bin sicher (+) Ich bin unsicher (–) | Unterschrift: |
|---|---|---|---|
| Analyse der Ausgangssituation | | | |
| Übersicht Lebensmittelunverträglichkeiten | | | |
| Erklärtext zum Verlauf der LM-Allergie | | | |
| Besonderheiten der Allergenkennzeichnung | | | |
| Kennzeichnung der Allergene zur Übung | | | |
| Verlaufsskizze der Glutenunverträglichkeit | | | |
| Abbildung und Fragen zur Laktoseintoleranz | | | |
| Entscheidung zur Gestaltung des Infoheftes | | | |
| Infoheftchen mit FAQs | | | |
| Feedback an Mitschüler, Feedback-Burger | | | |

Meine drei wichtigsten Erkenntnisse sind:

1.

2.

3.

Und nun bitte noch ein Feedback an deine Lehrkräfte. Schreib eine kurze Rückmeldung und kreuze die Daumen an.

Die Lernaufgabe war verständlich! 👍 👎

Mir hat die Lernaufgabe Freude gemacht! 👍 👎

*Vielen Dank für dein Feedback!*

Zum Abschluss noch ein Feedback von der Lehrkraft an dich:

L1

## 7.5 Wenn Lebensmittel unverträglich sind — Üben

Um sich bezüglich der Informationen zum Thema Lebensmittelallergie sicherer zu werden, schreibt Celina alles nochmal zusammen.

Ergänze die Lücken des nachfolgenden Textes.

Die Lückenfüller findest du unter dem Text, sofern du sie benötigst.

Lebensmittelallergien werden durch Überreaktionen des _____ ausgelöst. Die unverträglichen Bestandteile der Lebensmittel sind hierbei die _____. Da diese Inhaltsstoffe die allergischen Reaktionen im Körper des Menschen starten, bezeichnet man sie auch als _____.

Lebensmittel, die beim Menschen häufig Allergien auslösen, sind _____, Eier oder Soja. Bei allergischen Reaktionen werden von den Abwehrzellen des Körpers _____ gebildet, die wiederrum eine Ausschüttung von Botenstoffen hervorrufen. _____ ist ein solcher Botenstoff.

In den meisten Fällen reagieren die folgenden Organe allergisch:

Die Atemwege, die _____, der Magen-Darm-Trakt und häufig mit heftigen Reaktionen das _____. Bei letzterem kann die Allergie durch das Auslösen eines Schocks sogar tödlich enden.

Wer auf Lebensmittel allergisch reagiert sollte diese Lebensmittel unbedingt _____, auch kleinste Mengen.

Lückenfüller: meiden, Herz-Kreislauf-System, Haut, Histamin, Eiweiße, Nüsse, Immunsystems, Allergene

In Lernfeld 7 habe ich Lernaufgaben zur ausgewogenen und bedarfsgerechten Ernährung von Kunden und Gästen bearbeitet.

BERUFSFACHSCHULE – FACHSTUFE II

# BERUFLICHE KOMPETENZ

Fachrichtung Gastronomie und Nahrung

## LERNFELD 8

Nachhaltige Ernährung und interkultureller Einfluss auf die Ernährung

## Lernaufgaben

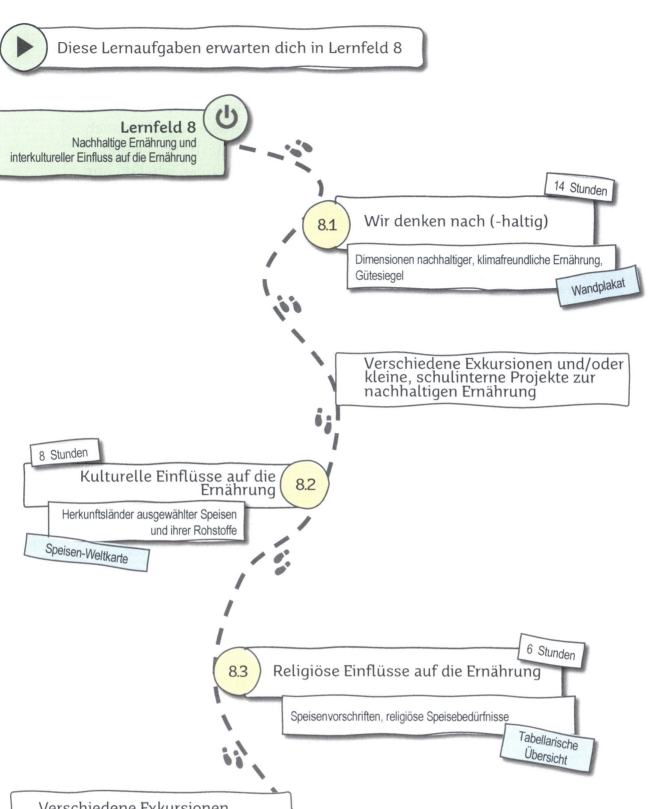
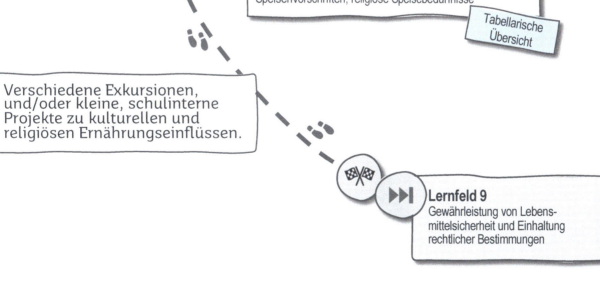

### Annalena, Celina und Mika

Annalena, Celina und Mika werden dich durch die Lernaufgaben führen. Sie besuchen auch die Berufsfachschule für Gastronomie und Nahrung. Gemeinsam mit ihnen wirst du nun auch in der BFS II viel Neues lernen.

Celina absolvierte ihr Praktikum in der Bäckerei und arbeitete dabei immer selbstständiger. Vor allem im Umgang mit den verschiedenen Kundentypen wurde Celina dann auch immer sicherer. Sie kann sich sehr gut vorstellen, nach ihrem Abschluss im Nahrungsbereich eine Ausbildung zu beginnen.

Annalena entschied sich für ein Praktikum im Restaurant und stellte sehr schnell fest, dass diese Entscheidung für sie genau richtig war. Je mehr Aufgaben Annalena selbstständig durchführen durfte, desto mehr Freude machten ihr der Umgang mit den Gästen und die kreativen Arbeiten im Service.

Mika fühlte sich in der Fleischerei von Anfang an sehr wohl und auch nach einem Jahr Praktikum hat sich dieser Berufswunsch bestätigt. Die vielen Möglichkeiten Fleischwaren herzustellen, zu behandeln und hier eigene Ideen zu verwirklichen, faszinieren Mika sehr.

In den Lernaufgaben löst du berufliche Aufgabenstellungen nach dem Prinzip der „vollständigen Handlung".

Um Arbeitsaufträge und Problemstellungen zu bewältigen, brauchst du <u>Strategien</u>! Damit du dir gute Strategien aneignen kannst, bearbeitest du Lernaufgaben nach dem Prinzip der „<u>vollständigen Handlung</u>".
Idealerweise geht man so in einem Beruf vor, um Arbeitsaufträge erfolgreich zu meistern.
Wenn du in den kommenden Lernfeldern immer wieder Aufträge und Problemstellungen in der vollständigen Handlung löst, wirst du viele Kompetenzen aufbauen.
Du wirst schließlich viel <u>wissen</u> und viel <u>können</u>! Aber du musst auch **wollen**!

⇨ Dann bist du kompetent und kannst herausfordernde Probleme lösen.

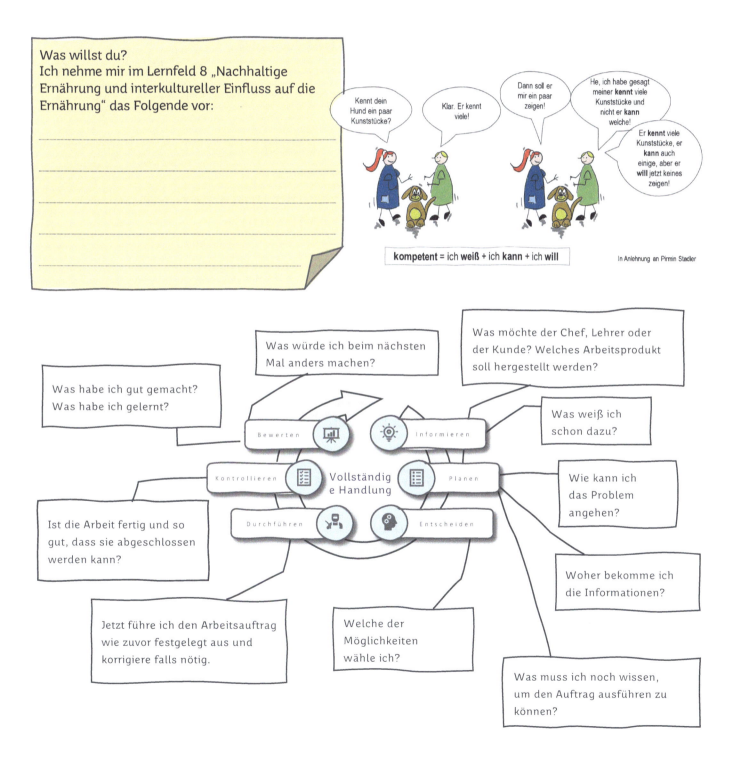

**Lernfeld 8: Nachhaltige Ernährung und interkultureller Einfluss auf die Ernährung**

Lernaufgabe 8.1: Wir denken nach(-haltig)! Die Prinzipien einer nachhaltigen Ernährung

Ich kann ...

- die Bedeutung des Begriffs Nachhaltigkeit erklären.
- die vier Dimensionen einer nachhaltigen Ernährung erläutern.
- den ökologischen Fußabdruck beschreiben und meinen eigenen ökologischen Fußabdruck bestimmen.
- Einflussfaktoren der Ernährung auf den Klimawandel beschreiben und daraus Maßnahmen ableiten.
- aktuelle Siegel für Lebensmittel, Umweltschutz und Tierschutz nennen und deren Nutzen abwägen.

Zeitumfang: 14 Unterrichtsstunden

## 8.1 Wir denken nach(-haltig)! — Informieren

Annalena arbeitet immer noch mit großer Leidenschaft im Restaurant. Derzeit findet sie die Arbeit besonders spannend, da ihr Chef vor ein paar Tagen das Projekt „Wir denken nach(-haltig)!" angeregt hat. Alle Mitarbeiter wurden in verschiedene Teams eingeteilt, ähnlich wie Annalena es von der Teamarbeit in der Schule kennt. Ziel ist es, in den Teams Möglichkeiten zu erarbeiten und zu prüfen, um in Küche und Restaurant nachhaltiger zu handeln.

Annalena wurde dem Küchen-Team zugeteilt. Bei der ersten Besprechung diskutierten die Kolleginnen und Kollegen schon einige Ideen. Vegetarische Ernährung wurde angesprochen, ein Kollege redete von der Berechnung des ökologischen Fußabdrucks, eine Kollegin vom Einsatz klimafreundlicher Lebensmittel. Annalena ist zunächst noch mit dem Begriff „nachhaltig" überfordert. Sie beschließt, ihre Mitschüler in der Schule für das Thema zu begeistern und hofft, von ihnen Unterstützung zu erhalten.

Sowohl die Mitschüler als auch die Lehrerin im Fach BK sind begeistert von dem Thema. Gemeinsam wollen sie ein Wandplakat zu den Grundsätzen der nachhaltigen Ernährung erarbeiten und dieses übersichtlich gestalten. Annalena kann mit diesem Wissen dann die Projektarbeit im Küchen-Team ihres Praktikumsbetriebs unterstützen.

© Krakenimages.com – stock.adobe.com

**1** Analysiere die beschriebene Situation aus Annalenas Perspektive. Notiere dir hierfür die wichtigsten Inhalte stichpunktartig oder erstelle dir eine Mindmap.

**2** Vielleicht hast du dir auch schon früher Gedanken über Nachhaltigkeit gemacht und weißt schon ein bisschen mehr darüber. Notiere dein Wissen oder deine Gedanken.

## 8.1 Wir denken nach(-haltig)! — Planen

> Annalena möchte nun zuerst die Bedeutung von „nachhaltig" und von „nachhaltiger Ernährung" klären. Sie recherchiert einen ganzen Nachmittag im Internet und sammelt die verschiedenen Informationen.

**3** (1) Lies den folgenden Text aufmerksam durch. Unterstreiche wichtige Aussagen.
(2) Notiere im unteren Kasten unklare Begriffe und kläre ihre Bedeutung sofort.
(3) Ergänze im Anschluss die fehlenden Textpassagen in der Übersicht auf der nächsten Seite.

*Jetzt an MORGEN denken!*

### Das Prinzip der nachhaltigen Ernährung

Der Begriff „nachhaltig" wird in den letzten Jahren in verschiedenen Bereichen verwendet. Ursprünglich stammt er aus der Waldwirtschaft. „Nachhaltig" wird hier benutzt, wenn im Wald nur so viele Bäume geschlagen werden, sprich abgeholzt werden, wie in absehbarer Zeit nachwachsen können. Oberstes Ziel ist es, den Wald langfristig zu erhalten. Allgemein ausgedrückt handelt man „nachhaltig", wenn sichergestellt ist, dass zukünftige Generationen ihre Bedürfnisse genauso befriedigen können, wie die lebende Generation es zur Zeit kann. Für den Bereich Ernährung heißt das z. B., wenn die derzeitig lebende Generation tonnenweise Kunststoffmüll im Meer entsorgt, kann die nächste Generation nicht mehr in sauberem, gesundheitlich unbedenklichem Meerwasser fischen. Diese Situation ist nicht nachhaltig! Ein System, z. B. Wald, Meer, Boden oder Luft, ist nachhaltig, wenn es langfristig aus eigener Kraft bestehen kann. Baut ein Bauer z. B. Getreide und andere Feldfrüchte in regelmäßigem Wechsel an, kann der Ackerboden sich immer wieder erholen (regenerieren) und ist auch noch nach vielen Jahren für weitere Generationen als Ackerboden nutzbar. Wird hingegen über eine längere Zeit z. B. nur Weizen angebaut, laugt der Boden aus, muss stark gedüngt werden und ist nach einiger Zeit nicht mehr fruchtbar und nutzbar.

Nachhaltige Ernährung umfasst prinzipiell folgende vier Dimensionen, die gleichermaßen zu berücksichtigen sind.

1. **Das ökologische Gleichgewicht**, bei dem zu beachten ist, dass die Natur und die Ökosysteme wie z. B. Boden, Luft, Wasser, Wald so genutzt werden, dass sie in guter Qualität für nachfolgende Generationen erhalten bleiben. Ackerböden sollen nicht ausgelaugt werden, Artenvielfalt soll erhalten bleiben, Wald nicht gerodet, Luft nicht unwiederbringlich (irreversibel) verschmutzt werden, usw.

2. **Die soziale Gerechtigkeit**, bei der zu beachten ist, dass alle Menschen der Erde an deren Schätze (Ressourcen) gleich teilhaben dürfen, z. B. durch gerechte Verteilung von Nahrung und sauberem Wasser oder durch gerechte Arbeitsbedingungen für alle.

3. **Die gesundheitliche Verträglichkeit**, bei der eine gesunde Lebensweise von allen Menschen zu beachten ist. Nachhaltig wäre hier, wenn die reichen Industrieländer Überernährung mit ihren negativen Folgen vermeiden und gleichzeitig die armen Länder keine Unterernährung mit ihren schlimmen Folgen erleiden müssen.

4. **Die ökonomische Sicherheit**, bei der zu beachten ist, dass erfolgreich gewirtschaftet wird, ohne die Ressourcen der Erde übermäßig auszubeuten. Z. B. durch Nutzung energiesparender Kühlschränke bzw. Elektrogeräte.

*Notiere hier die unklaren Begriffe, kläre sie mit deinem Banknachbarn. Bitte bei Bedarf deine Lehrerin um Erklärungen.*

# 8.1 Wir denken nach(-haltig)! — Planen

Die Informationen sind nicht leicht zu verstehen. Daher überlegt sich Annalena, dass sie den Text übersichtlich in einer Grafik darstellt.

**4** Ergänze die Übersicht zu den Prinzipien der nachhaltigen Ernährung.
(1) Beschreibe ganz oben die Bedeutung des Begriffs Nachhaltigkeit.
(2) Erkläre die vier Dimensionen an den blauen Pfeilen und finde mithilfe deines Banknachbarn eigene passende Beispiele.
(3) Notiere deine Beispiele in den entsprechenden rechteckigen Kästchen.
Die Dimension Ökonomie ist als Beispiel bereits vorgegeben.

*Ist was unklar? Lies erneut Seite 156.*

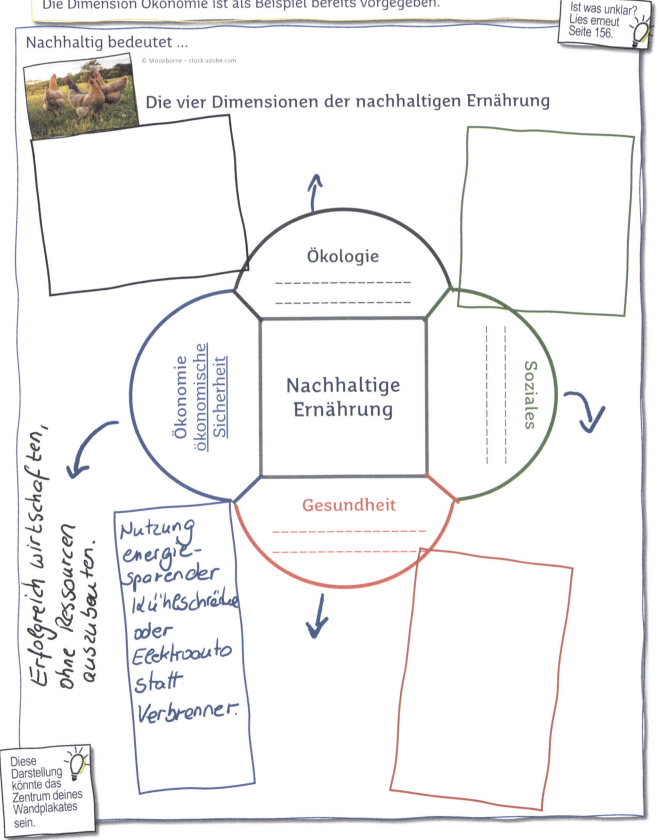

Nachhaltig bedeutet ...

Die vier Dimensionen der nachhaltigen Ernährung

- Ökologie
- Ökonomie – ökonomische Sicherheit
- Nachhaltige Ernährung
- Soziales
- Gesundheit

*Erfolgreich wirtschaften, ohne Ressourcen auszubeuten.*

*Nutzung energiesparender Kühlschränke oder Elektroauto statt Verbrenner.*

*Diese Darstellung könnte das Zentrum deines Wandplakates sein.*

| 8.1 | Wir denken nach(-haltig)! | Planen |  |

Annalena hat sich einen guten Überblick verschafft und versteht nun, was mit dem Begriff „nachhaltig" gemeint ist. Ein Kollege schlug bei der Besprechung die Überprüfung des ökologischen Fußabdrucks im Restaurant vor. Annalena recherchiert...

 5 Lies den Text aufmerksam durch und markiere die wichtigen Aussagen mit deinem **gelben Textmarker**.

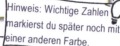
Hinweis: Wichtige Zahlen markierst du später noch mit einer anderen Farbe.

### Der ökologische Fußabdruck (ÖF)

Der ökologische Fußabdruck (ÖF, engl.: footprint) ist ein Messinstrument für die Fläche auf der Erde, die notwendig ist, um den Lebensstandard eines Menschen dauerhaft zu ermöglichen. Da unsere Erde zwar eine große, aber dennoch begrenzte, Fläche hat, steht jedem Menschen rein rechnerisch ein bestimmter Teil für sein Leben zur Verfügung. In den ÖF werden demnach die Flächen eingerechnet, die beispielsweise für die Herstellung von Nahrung, Kleidern, Smartphones oder auch Möbeln benötigt werden. Zudem gehen in die Berechnung Wohnflächen, Müllentsorgung und die Bereitstellung von Energie (Wärme, Strom...) ein sowie durch Konsum freiwerdendes Kohlenstoffdioxid ($CO_2$).

Ein paar Zahlen: Wenn alle Menschen auf der Erde so leben würden wie die Menschen in Deutschland, bräuchten wir derzeit 3,0 Erden. Gerecht wäre, wenn wir unsere **eine** Erde flächenmäßig unter allen Menschen gleich aufteilen würden. Denn die Fläche, die die Menschen z. B. in Deutschland zusätzlich benötigen für den Erhalt ihres Lebensstandards, haben andere Menschen auf der Erde entsprechend weniger. Den größten ÖF haben derzeit die Menschen in den USA mit 5,0 Erden und Australien mit 4,6 Erden. Einen sehr kleinen ÖF haben die Menschen in Indien mit 0,7 Erden. Weltweit liegt der ÖF im Durchschnitt bei 1,7 Erden. Brasilien liegt knapp darüber mit 1,8 Erden, Spanien benötigt 2,5 Erden, Schweiz, Italien und Portugal liegen jeweils bei 2,8 Erden. Die Menschen Russlands benötigen zum Erhalt ihres Lebensstandards 3,4 Erden.

Ziel von nachhaltigem Handeln ist es, dass die natürlichen Vorräte bzw. Flächen der Erde gerechter verteilt werden. Der ÖF der „reichen" Länder müsste verkleinert werden, damit der ÖF der „ärmeren" Länder gleichzeitig vergrößert würde.

Der ÖF im Bereich Ernährung setzt sich vor allem aus Land- und Wasserflächen sowie Energieflächen zusammen. Die Energieflächen ergeben sich aus den Nahrungs- und Futtermitteltransporten, dem Energieaufwand bei der Produktion von Lebensmitteln oder von Gegenständen des täglichen Bedarfs. Ganz besonders relevant für die Energieflächen ist der Flächenbedarf für die Aufnahme von Kohlenstoffdioxid ($CO_2$).

Da beispielsweise tierische Produkte viel mehr Energie verbrauchen als pflanzliche, ist der ÖF für Fleisch, Milch, Käse o. ä. bis zu 10-mal größer als für z. B. Gemüse oder Brot. Die pflanzlichen Produkte, die ein Rind ernähren, könnten mehr Menschen ernähren als das Fleisch des Rindes selbst. Hoher Fleischkonsum erhöht damit den ÖF.

Ein anderes Beispiel: Lebensmittelverpackungen verbrauchen viele Rohstoffe und Energie bei der Herstellung und Entsorgung. Verpackungsmüll ist zudem häufig giftig und daher umweltbelastend. Wenig verpackte oder sogar unverpackte Lebensmittel verringern somit den ÖF. Fertigprodukte werden energieaufwändig hergestellt, sie sind verpackt und beinhalten häufig sehr viele Zutaten, die aus vielen Ländern transportiert werden müssen. Gekühlte oder tiefgekühlte Lebensmittel verbrauchen viel Energie durch die Kühlung und mehr Lagerfläche durch aufwändige Kühlaggregate als ungekühlte Lebensmittel.

| 8.1 | Wir denken nach(-haltig)! | Planen |  |

Annalena ist begeistert von den Recherchen zum ökologischen Fußabdruck und will ihr Wissen nun teilen.

**Zeit für Partnerarbeit…**

**6** Besprich mit einer Teampartnerin oder einem Teampartner aus deiner Klasse die von dir markierten Inhalte. Erklärt euch so die Bedeutung des ökologischen Fußabdrucks. Notiert dann eure Erklärung.

**7** Lest nun gemeinsam den Text (Seite 158) ein zweites Mal. Markiert die wichtigen Zahlen und Daten mit **grünem Textmarker**. Tragt die markierten Zahlen in der unteren Tabelle zusammen und stellt diese danach, rechts neben der Tabelle, grafisch in Form eines Säulen- oder Balkendiagramms dar. Begründet im Anschluss mit einem Satz im untersten Kasten den Vorteil dieser Darstellung.

*Achtet auf eine korrekte, klare Beschriftung eures Diagramms.*

| Name des Landes | Benötigte Erden |
|---|---|
| | |
| | |
| | |
| | |
| | |
| | |
| | |

*Säulendiagramm, Balkendiagramm*

Das Säulen-/Balkendiagramm ist hier von Vorteil, weil

## 8.1 Wir denken nach(-haltig)! — Planen

Annalena ist nun bestens informiert. Sie überlegt jetzt mögliche Maßnahmen, um den ÖF im Küchenbereich ihres Praktikumsbetriebs zu verringern.

**8** Überlegt euch gemeinsam im Team 5 Maßnahmen, um den ÖF in der Küche zu verringern. Notiert eure konkreten Ideen.

(1)

(2)

(3)

(4)

(5)

*Es geht weiter mit Einzelarbeit!*

**9** Schätze deinen eigenen ökologischen Fußabdruck im Vergleich zum weltweit mittleren ÖF von 1,7 Erden. Liegst du höher oder niedriger?
Überprüfe danach deinen ökologischen Fußabdruck. Scanne hierfür den QR-Code und notiere dein Ergebnis.

Ich schätze meinen persönlichen Fußabdruck wie folgt ein:
_____ Erden.

Mein tatsächlicher persönlicher Fußabdruck liegt bei:
_____ Erden.

*Falls der Link nicht funktioniert, hält deine Lehrerin den Test für dich als Ausdruck bereit.*

https://www.endlich-wachstum.de/wp-content/uploads/2019/11/Kapitel-2_Grosser-Fuss-auf-kleiner-Erde_Rechner.pdf

**10** Vergleiche dein Ergebnis mit dem deiner Teampartnerin oder deines Teampartners. Diskutiert mögliche Gründe für eure Abweichungen und notiert eure Ergebnisse.

# 8.1 Wir denken nach(-haltig)! — Planen

Den ökologischen Fußabdruck hält Annalena für ein tolles Instrument, um die Notwendigkeit einer nachhaltigen Ernährung zu verdeutlichen. Da viele Menschen in letzter Zeit besonders vom Klimaschutz reden, möchte sie hier Zusammenhänge recherchieren. Annalena sammelt Informationen in Zeitschriften und im Internet.

**11** Lies die Textausschnitte aus den Zeitschriften und schau dir die Diagramme genau an. Erarbeite mithilfe dieser Informationen <u>auf der nächsten Seite</u> einen Maßnahmenkatalog zu einer klimafreundlichen Ernährung. Verdeutliche jede Maßnahme mit einem alltäglichen, gut umsetzbaren Beispiel.

*Recherchiere selbst auch nach zusätzlichen Infos.*

### Der Klimawandel schreitet voran!
Gletscher schmelzen, Hitzewellen verursachen Wasserknappheit in der Welt, Starkregen, Stürme und andere Unwetterkatastrophen treten immer häufiger auf, mit ihren schlimmen Folgen für Menschen und Tiere.

Sogenannte Treibhausgase, vor allem $CO_2$ und Methan, verursachen auf der Erde eine unnatürliche Erwärmung der Atmosphäre und sind dadurch maßgeblich für den Klimawandel verantwortlich.

Zu viele Nahrungsmittel werden noch essbar in den Müll geworfen. Dadurch entstehen einerseits hohe Müllmengen, die unter $CO_2$-Ausstoß verbrannt werden, andererseits werden neue Nahrungsmittel hergestellt, verpackt und transportiert. Es ist ein Teufelskreis!

### Sehr viel Treibhausgas durch die Landwirtschaft!
Die höchsten Anteile an Treibhausgasen in der Ernährung stammen aus der Landwirtschaft und davon die meisten aus der Herstellung tierischer Lebensmittel. Das liegt vor allem an den weiten Transportwegen der Futtermittel. Auch das Kühlen und Kochen dieser Lebensmittel verbraucht viel Strom und damit zusätzliche Energie. Pflanzliche Lebensmittel verursachen hingegen nur ca. 1/10 an Treibhausgasen im Vergleich zu tierischen Lebensmitteln. Entscheidend ist hier auch ein hoher Ausstoß an Treibhausgasen bei der Herstellung und Entsorgung der Verpackungen.

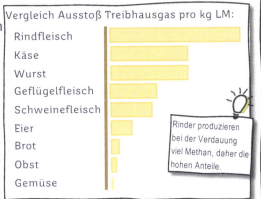

Vergleich Ausstoß Treibhausgas pro kg LM:
- Rindfleisch
- Käse
- Wurst
- Geflügelfleisch
- Schweinefleisch
- Eier
- Brot
- Obst
- Gemüse

*Rinder produzieren bei der Verdauung viel Methan, daher die hohen Anteile.*

### Klima in Not durch beheizte Treibhäuser!
Treibhäuser werden aufwändig beheizt, um in der kalten Jahreszeit Lebensmittel herzustellen, die Wärme benötigen, z. B. Paprika, Gurken, Tomaten, Erdbeeren. Die Heizungen verursachen sehr hohe Mengen an Treibhausgasen! Klimafreundlich ist es, Gemüse und Obst dann zu essen, wenn es unter freiem Himmel wachsen kann, also „Saison" hat. Diese saisonalen Lebensmittel sind in „Saisonkalender", wie dem Folgenden, zu finden:

Vergleichender $CO_2$-Ausstoß diverser Transportmittel:

### Lange Transportwege schädigen unser Klima!
Kurze Transportwege schützen unser Klima. Daher sind Lebensmittel aus der Region, mit kurzen Transportwegen, allen anderen unbedingt vorzuziehen. Ist dies nicht umsetzbar, muss das Transportmittel berücksichtigt werden. Äpfel des Bauern aus dem Nachbarort sind nachhaltiger als Äpfel vom Bodensee, mit dem LKW transportiert. Letztere sind allerdings, für eine nachhaltige Speisenauswahl, der per Flugzeug transportierten Ananas aus der Karibik immer noch vorzuziehen.

# 8.1 Wir denken nach(-haltig)! — Planen

Erstelle nun deinen Maßnahmenkatalog mit 10 Klima-Tipps zu einer klimafreundlichen Ernährung. Verdeutliche jede Maßnahme mit einem alltäglichen, gut umsetzbaren Beispiel.

*Der erste Schritt ist bereits gemacht...*

## Maßnahmenkatalog für eine klimafreundliche Ernährung

| Klima-Tipp | Klimafreundliche Maßnahme | Beispiel |
|---|---|---|
| Nr. 1 | Ich verwende, wo möglich, saisonale Lebensmittel für die Herstellung der Speisen. | Erdbeerenspeisen nur im Mai und Juni laut Saisonkalender |
|  |  |  |
|  |  |  |
|  |  |  |
|  |  |  |
|  |  |  |
|  |  |  |
|  |  |  |
|  |  |  |
|  |  |  |

| 8.1 | Wir denken nach(-haltig)! | Planen |  |

Über die Maßnahmen einer klimafreundlichen Ernährung wissen Annalena und Celina nun gut Bescheid. Beim Einkauf einiger Lebensmittel sind die beiden sich allerdings doch noch unsicher. Celina behauptet, dass Lebensmittel mit Gütesiegel, z. B. mit einem Biosiegel, immer nachhaltig sind. Annalena möchte es aber genauer wissen und verschafft sich zunächst einen Überblick über diese Gütesiegel im Lebensmittelbereich.

*Meine Teammitglieder sind:*

*Zeit für Teamarbeit*

**12** Bildet Dreierteams.

(1) Lies dir zunächst alleine, zum Einstieg in den Themenschwerpunkt, den nachfolgenden Text durch und markiere wichtige Inhalte.

(2) Recherchiert im Team Gütesiegel aus verschiedenen Bereichen, z. B. aus der ökologischen Landwirtschaft, der Fleischerei und Fischerei, der Kleidung usw.

(3) Wählt gemeinsam mit eurer Lehrkraft einen nachhaltigen Laden (z. B. Bioladen, Weltladen, Unverpacktladen) in der Nähe eurer Schule aus und besucht diesen Laden mit euren Mitschülerinnen und Mitschülern. Fokussiert bei der Exkursion besonders die recherchierten Gütesiegel hinsichtlich ihrer Bedeutung. Vielleicht lernt ihr hier auch noch andere bedeutende Siegel kennen.

*Nehmt eure Notizen mit!*

(4) Wählt nun im Team ein bedeutendes Gütesiegel aus und stellt die wichtigsten nachhaltigen Kriterien/Bedingungen für dieses Siegel stichwortartig zusammen. Jeweils ein Teammitglied präsentiert das gewählte Gütesiegel in Form eines Kurzreferates im Klassenplenum.

© Gorodenkoff – stock.adobe.com

© Анастасия Стягайло – stock.adobe.com

*Notiere deine Ergebnisse und Mitschriften auf der Folgeseite.*

### Nachhaltig einkaufen – geht das?

Wenn wir nachhaltige Produkte, z. B. Lebensmittel, einkaufen wollen, ist das oft gar nicht so einfach. Meist wissen wir nämlich nicht, unter welchen Bedingungen das Produkt hergestellt wurde und wie weit die Rohstoffe oder das Produkt selbst transportiert wurden. Darüber hinaus wissen wir auch in den meisten Fällen nicht, ob die herstellenden Firmen ihre Mitarbeiterinnen und Mitarbeiter gut, d. h. sozial verträglich, behandeln oder weit von diesem Gedanken entfernt sind.

Seit einigen Jahren gibt es Organisationen, die die Bedingungen der Herstellung von Produkten, ihrer Verpackung und/oder sogar vom Transport der Komponenten transparent machen. Für derart kontrollierte Produkte ist es möglich, beim Einkaufen zu entscheiden, ob sie unter fairen, nachhaltigen Bedingungen angeboten werden.

Nachhaltige Produkte werden unter anderem unter folgenden Kriterien/Bedingungen hergestellt:
- klimafreundlich und energiesparend, z. B. durch Einsatz von regenerativen Energien, minimalen Transportwegen oder mit klimaverträglichen Verpackungen
- umweltfreundlich, z. B. ohne Einsatz von giftigen Pflanzenschutzmitteln
- gute Lebens- und Arbeitsbedingungen für Bauern und Hersteller mit fairen Löhnen; Kinderarbeit und Zwangsarbeit verbieten
- tierschützend, z. B. durch artgerechte Tierhaltung mit minimalem Antibiotikaeinsatz oder Herstellung ohne Tierversuche und Tierquälerei
- ...

Uns allen muss bewusst sein, dass das, was wir einkaufen, direkt und indirekt die Lebensqualität vieler Menschen unserer Erde beeinflusst.

Um beim Einkauf nachhaltige Produkte zu erkennen, wurden viele unabhängige Gütesiegel eingeführt. Aber Achtung, die Kriterien sollten überprüft werden, da nicht alle eindeutig und vollständig transparent agieren.

# 8.1 Wir denken nach(-haltig)! — Planen

**Meine Ergebnisse:**

| 8.1 | Wir denken nach(-haltig)! | Entscheiden & Durchführen |  |

Annalena hat in den letzten Tagen sehr viele Informationen zur nachhaltigen Ernährung erhalten, zusammengetragen und verarbeitet. Um ihre Kollegen im Küchen-Team zu unterstützen, denkt sie über eine optimale Darstellung dieser Inhalte besonders intensiv nach, bevor sie das Wandplakat erstellt. Celina hilft ihr dabei.

**13** Entscheidet in eurem Dreierteam,
(1) welche Informationen euer Wandplakat aufweisen soll und
(2) wie ihr diese Informationen übersichtlich darstellen wollt.
Macht euch Notizen bzw. skizziert euer Wandplakat bevor ihr mit der Durchführung startet.

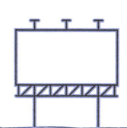
Um herauszufinden, welche Informationen bestimmte Personengruppen (z. B. Lehrer, Schüler, Freunde) besonders interessieren, kannst du eine Umfrage durchführen. In Mathematik hast du gelernt, wie es geht.

**14** Erstellt nun im Team euer Wandplakat.
Fotografiere euer Plakat und klebe das Foto hier ein.

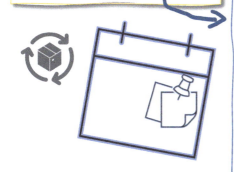

| 8.1 | Wir denken nach(-haltig)! | Kontrollieren |

Das Erstellen des Wandplakates im Team hat Spaß gemacht. Annalena will nun ihre Ausarbeitung nochmal kontrollieren und sich dann die Ergebnisse der anderen Teams anschauen.

**15** Hake die wichtigsten Themen, die du zur nachhaltigen Ernährung bis hierher erarbeitet hast, in der Tabelle ab und kontrolliere auf diese Weise die Vollständigkeit der Ergebnisse deines Teams.

*Hast du an alles gedacht? Ansonsten ergänze das Plakat.*

| Themenschwerpunkt | Zwischenergebnis | auf Plakat klar umgesetzt? ✔ |
|---|---|---|
| Bedeutung des Begriffs Nachhaltigkeit | Übersicht zu den Prinzipien einer nachhaltigen Ernährung | |
| Die vier Dimensionen der nachhaltigen Ernährung | | |
| Der ökologische Fußabdruck als Messinstrument für nachhaltiges Handeln | Grafische Darstellung der notwendigen Erden, Maßnahmen zur Verringerung des ÖF, Bestimmung des ÖFs | |
| Klimafreundliche Ernährung | Maßnahmenkatalog | |
| Gütesiegel zur Kennzeichnung nachhaltiger Produkte | Recherche verschiedener Gütesiegel, Auswahl bedeutender Siegel mit ihren Kriterien | |
| Interessen bestimmter Personengruppen am Thema | Umfrage mit Auswertung der Ergebnisse *(Optional)* | |

**16** Starte nun deinen Rundgang in der Klasse. Schau dir die Wandplakate deiner Mitschülerinnen und Mitschüler genau an. Gib einem Team in deiner Klasse detailliertes und konstruktives Feedback. Ergänze hierfür die folgenden Sätze.

An der Gestaltung eures Plakates hat mir besonders gut gefallen, dass …

Inhaltlich spricht mich euer Plakat an, weil …

Besonders interessant finde ich …

Gefehlt haben mir folgende Informationen:

Verbesserung könnte ich mir wie folgt vorstellen:

*Von 6 möglichen Punkten gebe ich dem Plakat _____ Punkte.*

Dieses Feedback kommt von:

## 8.1 Wir denken nach(-haltig)! — Bewerten

Annalena und alle anderen in der Klasse sind stolz auf ihre Leistungen und auch auf die tollen Wandplakate, die nun in der Klasse aushängen. Um den Aufwand der letzten Stunden abzurunden, steht die Bewertung des Arbeitsprozesses noch aus.

**17** Bewerte deinen Erfolg in zwei Schritten.

(1) Stelle deinen Lernerfolg durch die Kompetenzspinne dar. An den Kanten sind die angestrebten Kompetenzen aufgeführt. Je näher du deine Kreuze in der Mitte des Spinnennetzes setzt, umso mehr Kompetenz traust du dir in diesem Bereich zu. Verbinde am Ende die Kreuze und schraffiere die innere Fläche.

(2) Bewerte deinen Lernprozess mithilfe der 5-Finger-Fragetechnik. Schreibe zu jedem Finger ein paar Stichpunkte auf.

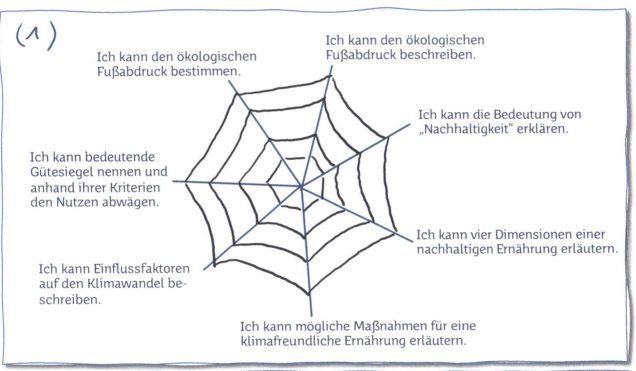

(1) Kompetenzspinne mit den Kanten:
- Ich kann den ökologischen Fußabdruck bestimmen.
- Ich kann den ökologischen Fußabdruck beschreiben.
- Ich kann die Bedeutung von „Nachhaltigkeit" erklären.
- Ich kann vier Dimensionen einer nachhaltigen Ernährung erläutern.
- Ich kann mögliche Maßnahmen für eine klimafreundliche Ernährung erläutern.
- Ich kann Einflussfaktoren auf den Klimawandel beschreiben.
- Ich kann bedeutende Gütesiegel nennen und anhand ihrer Kriterien den Nutzen abwägen.

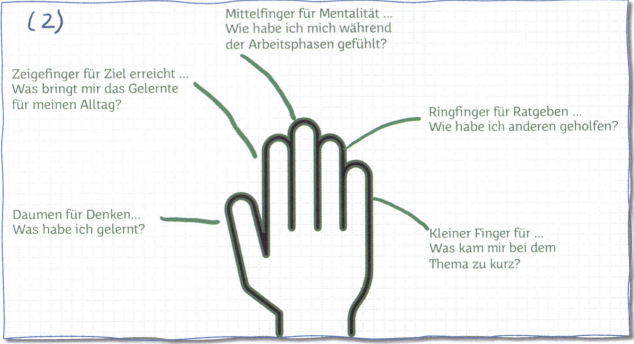

(2) 5-Finger-Fragetechnik:
- Daumen für Denken... Was habe ich gelernt?
- Zeigefinger für Ziel erreicht... Was bringt mir das Gelernte für meinen Alltag?
- Mittelfinger für Mentalität... Wie habe ich mich während der Arbeitsphasen gefühlt?
- Ringfinger für Ratgeben... Wie habe ich anderen geholfen?
- Kleiner Finger für... Was kam mir bei dem Thema zu kurz?

| 8.1 | Wir denken nach(-haltig)! | | Üben |

(1) Folge dem Pfad der Nachhaltigkeit. Jeder Schritt entspricht einer Frage in der Tabelle auf der nächsten Seite (S. 169). Beantwortest du die Frage mit ja, d. h. nachhaltig (durchgezogener Pfeil), erreichst du einen Buchstaben oder bei nein, nicht nachhaltig (gestrichelter Pfeil), einen anderen Buchstaben. Notiere diese Buchstaben in der rechten Spalte neben der Frage.

(2) Begründe deine Antworten in der Tabelle neben der entsprechenden Frage.

(3) Wenn du alle Buchstaben herausgefunden hast, kannst du sie entsprechend ihrer Nummern in der Tabelle zum Lösungswort zusammensetzen.

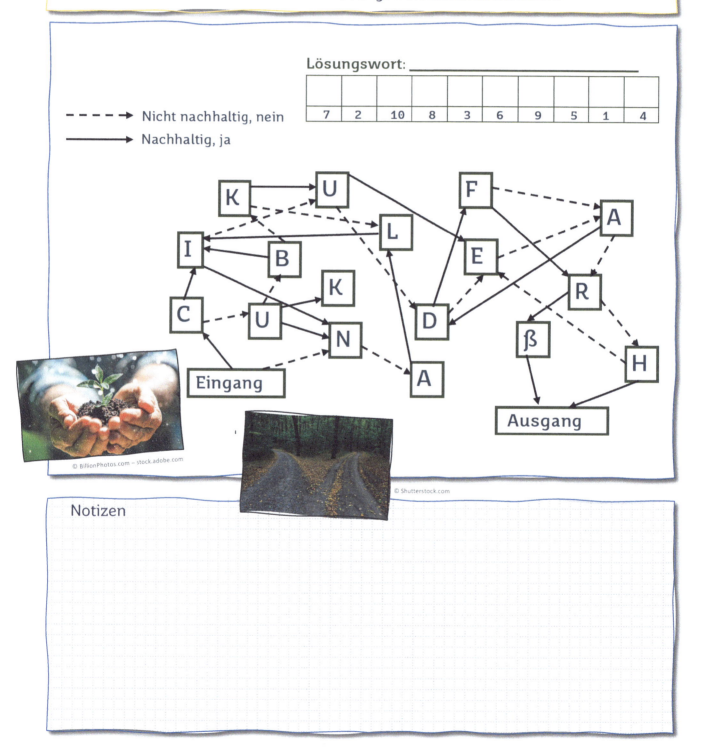

Notizen

| 8.1 | Wir denken nach(-haltig)! | | Üben |

Entscheide dich, ob nachhaltig oder nicht!

| Nr. | Nachhaltig oder nicht? | ja/nein | Begründung | Buchstabe |
|---|---|---|---|---|
| 1 | Für den Weg zur Berufsschule bilden wir zu viert eine Fahrgemeinschaft. | | | |
| 2 | Den energiesparenden neuen Kühlschrank kaufen wir erst, wenn der alte defekt ist. | | | |
| 3 | Ich ernähre mich gesund und esse zu jeder Jahreszeit diese leckeren Heidelbeeren. | | | |
| 4 | Um Zeit beim Starten des PCs zu sparen, lasse ich das Gerät immer im Standby-Modus laufen. | | | |
| 5 | Kurztrips mit dem Flugzeug werden immer günstiger. Dennoch plane ich die nächste Reise nach Berlin mit dem Zug. | | | |
| 6 | Gestern habe ich sehr gesund gelebt. Meine Pizza habe ich mit Biopaprika aus Ägypten belegt. | | | |
| 7 | In der Schule haben wir eine Kaffeemaschine angeschafft und nutzen Kaffeepulver mit dem Fairtrade-Gütesiegel. | | | |
| 8 | Seit Wochen ernähre ich mich mit der Eiweißdiät und nehme super ab. Jeden Abend gibt es nur Fleisch oder Schinken ohne Brot. | | | |
| 9 | Ich kaufe Salat, der im Treibhaus angebaut wird. Er muss kaum gewaschen werden im Vergleich zum Freilandsalat und ist immer verfügbar. | | | |
| 10 | Beim Bäcker achte ich darauf, dass die Brötchen nicht in übergroßen Tüten verpackt werden. | | | |

## Lernfeld 8: Nachhaltige Ernährung und interkultureller Einfluss auf die Ernährung

Lernaufgabe 8.2: Kulturelle Einflüsse auf die Ernährung

Ich kann ...

- internationale Gerichte und deren Herstellung beschreiben.
- die Hauptrohstoffe internationaler Gerichte und deren Herkunft benennen.
- den Anbau und die Besonderheiten der Hauptrohstoffe internationaler Gerichte erklären.
- die internationalen Gerichte ihren Herkunftsländern auf einer Weltkarte zuordnen.

Zeitumfang: 8 Unterrichtsstunden

| 8.2 | Kulturelle Einflüsse auf die Ernährung | Informieren |  |

Es ist kurz vor den Ferien und Mikas Klasse will gemeinsam eine besondere Aktion durchführen. Da in der Klasse sehr viele Schülerinnen und Schüler aus unterschiedlichen Kulturen sind, entscheiden sie, dass sie ausgewählte, internationale Gerichte auf einem „Spezialitätenbasar" in der Aula anbieten wollen.

Ihre Lehrerin findet die Idee toll und glaubt, man könnte das noch interessanter gestalten, indem man nähere Informationen zu den Gerichten mitliefert.

Dazu wollen die Schülerinnen und Schüler Rezeptkarten mit Zubereitungshinweisen zu den einzelnen Gerichten erstellen.

Mika schlägt zudem vor, Steckbriefe zum Anbau der verwendeten Hauptrohstoffe zu erstellen, da es in allen Ländern verschiedene **„typische"** Rohstoffe gibt.

Bei der Vorbesprechung merken die Schülerinnen und Schüler, dass nicht alle wissen, wo die einzelnen Herkunftsländer der angebotenen Gerichte auf der Weltkarte liegen. Damit alle lernen, wo die ausgewählten, typischen Speisen herkommen, wollen sie eine Weltkarte in der Klasse aufhängen, auf der die Herkunftsländer markiert werden.

© Rui Vale de Sousa – stock.adobe.com

**①** Analysiere die Situation und notiere hier alle wichtigen Informationen in Stichpunkten.

Was? Wo? Wann? Warum? …

**②** Notiere dir weitere Fragen, Gedanken und Ideen, die wichtig sein könnten und dir bei der Umsetzung und Gestaltung helfen könnten.

| 8.2 | Kulturelle Einflüsse auf die Ernährung | | Planen |  |

Mika und seine Klassenkameraden planen nun, welche Speisen sie anbieten und beschreiben wollen. Daher fragen sie zunächst innerhalb der Klasse nach Lieblings- bzw. Nationalgerichten der Mitschülerinnen und Mitschüler.

*Zeit für Partnerarbeit...*

③ Bildet Zweierteams und setzt euch gemeinsam an einen Tisch.

(1) Erstellt gemeinsam einen Fragebogen mit dem ihr eure Befragung durchführen wollt.

(2) Formuliert dazu fünf Fragen, die euch Antwort geben.

*Nutzt die offenen W-Fragen, um auch Details zu den Gerichten zu erfahren.*

Notiert hier eure fünf Fragen und die Antworten:

| Befragt wurde | A: | B: |
|---|---|---|
| 1. | | |
| 2. | | |
| 3. | | |
| 4. | | |
| 5. | | |

④ Jetzt zieht los und führt eure Befragung durch.
Befragt mindestens 2 Mitschülerinnen oder Mitschüler (A, B).

*Notiert die Namen A und B über den Tabellenspalten.*

## 8.2 Kulturelle Einflüsse auf die Ernährung — Planen

Mikas Klasse hat die Befragungen durchgeführt. Jetzt wählen sie aus, welche Gerichte sie beim Spezialitätenbasar anbieten werden.

**5** Innerhalb der Klasse wählt ihr nun,
(1) ... 5 Gerichte, deren Hauptrohstoff pflanzlich ist.
(2) ... welches Team welche Rezeptkarte erstellt.
(3) ... den inhaltlichen Aufbau eurer Rezeptkarten.
Macht euch Notizen.

Wählt euer eigenes Lieblingsgericht oder nutzt die Auswahlliste.

Zur Auswahl stehen z. B.:
- Paella (Reis)
- Frühlingsrollen (Reis)
- Spaghetti (Weizen)
- Manaquish (Weizen)
- Hummus (Kichererbsen)
- Falafel (Kichererbsen)
- Sadza (Maisgries)
- Polenta (Maisgries)
- Tofu (Sojabohnen)
- 
- 
- 

Inhaltlicher Aufbau der Rezeptkarte:

Notiere hier dein Gericht:

Notiere hier dein Team:

| 8.2 | Kulturelle Einflüsse auf die Ernährung | | Planen |  |

Die Speisenauswahl hat Mikas Klasse getroffen. Es fehlen aber genauere Informationen zu Zutaten und Herstellung der Gerichte.

**6** Informiert euch im Internet, Kochbüchern oder Fachbüchern über die Zubereitung und die Zutaten der einzelnen Gerichte und notiert diese. Selbstverständlich dürft ihr auch eure Mitschülerinnen und Mitschüler befragen.

Hilfreich im Internet sind hierfür manchmal wikipedia.de oder für Rezepte auch chefkoch.de

Notiere dir hier die Zutaten und die Zubereitung deines Gerichtes. Beschränke dich auf ein Rezept für 4 Personen.

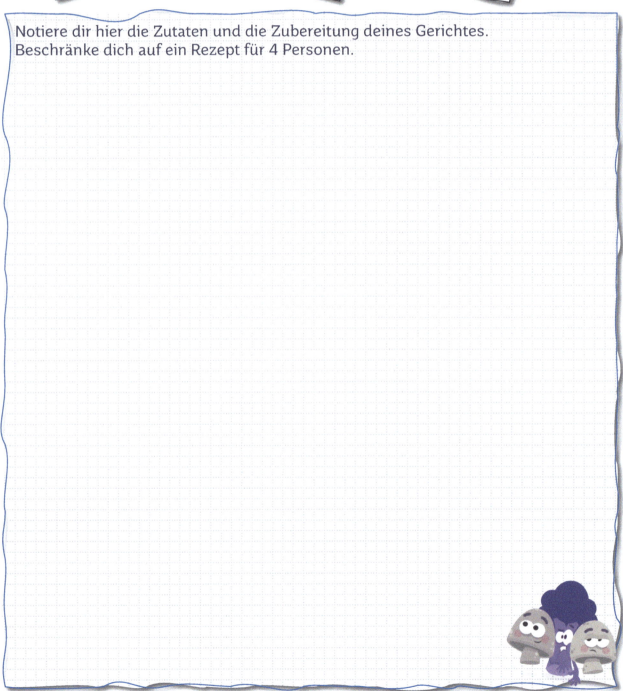

# 8.2 Kulturelle Einflüsse auf die Ernährung — Planen

Mika und seine Klasse möchten an ihrem Spezialitätenbasar die Gäste auch über die Gerichte, Länder und verwendeten Rohstoffe informieren. Eigentlich kennt jeder Reis, Weizen und Co. Aber wie werden sie genau angebaut und verarbeitet?

**7** Sammelt Hintergrundwissen zu den hauptsächlich verwendeten pflanzlichen Rohstoffen eurer Gerichte.
  (1) Sucht euch auf den Folgeseiten den zu eurem Hauptrohstoff passenden Infotext.
  (2) Lest diesen Text und markiert euch wichtige Inhalte z. B. in Bezug auf Anbau, Herkunft, Aussehen der Pflanze und ihrer Verwendung.
  (3) Fasst diese Informationen in einem maximal DIN A4 großen Steckbrief zusammen.

*Schaut euch noch mal andere Steckbriefe aus vorherigen Lernaufgaben an, die ihr erstellt habt. Oder habt ihr eine neue Idee?*

Notiert hier die Inhalte für euren Steckbrief:

## 8.2 Kulturelle Einflüsse auf die Ernährung — Planen

**7a** Lest den Infotext und markiert wichtige Inhalte z. B. in Bezug auf Anbau, Herkunft, Aussehen der Pflanze und ihrer Verwendung. Notiert mögliche Fragen. Recherchiert zusätzlich im Internet, falls notwendig.

### Infotext Weizen

*Ähren sind der obere Pflanzenteil, an dem sich die Körner befinden.*

Weizen (Triticum) ist, neben Reis, das am meisten angebaute Getreide der Welt. Die Erntemenge beträgt 650 Millionen Tonnen im Jahr. Es gibt über 1000 verschiedene Sorten weltweit, von denen in Europa hauptsächlich Hart- und Weichweizen angebaut werden. Im Geschmack ist dieser besonders mild und leicht verdaulich.

Das Getreide erreicht eine Höhe von 0,5 bis 1 m. Die gesamte Pflanze hat, wenn sie ungetrocknet ist, eine dunkelgrüne Farbe. Getrocknet sind die Ähren goldgelb. Die Ernte findet im Hochsommer statt. Der Weizen wird gemäht und gedroschen (Herauslösen der Körner aus dem Stroh bzw. der Spreu). Das Stroh bleibt gehäckselt auf dem Feld liegen oder wird zu Tierstreu gepresst (z. B. als Einstreu für Pferdeboxen).

In letzter Zeit sind verschiedene alte Sorten und Arten dieses Getreides wieder aufgetaucht. Dazu gehören Grünkern, Kamut, Emmer, Einkorn und Dinkel. Diese variieren in ihren Back- und Mahl-Eigenschaften sowie im Geschmack. Weichweizen und Dinkel liefern hauptsächlich das Mehl für Kuchen, Brötchen, Weißbrot und Kekse. Aus Hartweizen werden Spaghetti und andere Nudelsorten hergestellt. Die anderen Sorten sind vielfach allein nicht backfähig und werden anderen Getreiden nur beigemischt.

Weizen enthält viel Stärke (Kohlenhydrate), Eiweiß und Vitamin B1. Vollkornmehl ist besonders ballaststoffreich, da hier die Schalen der Weizenkörner mitvermahlen werden. Diese enthalten, außer Ballaststoffen, auch viele Mineralstoffe und Vitamine. Der Mehlkörper (das Innere des Korns) enthält die Stärke und das Klebereiweiß (Gluten). Dieses Mehl ist im Handel z. B. als Weizenmehl Typ 405 erhältlich. Im Keimling sind gesunde Fette und fettlösliche Vitamine enthalten.

Ernährungsphysiologisch ist das Vollkornmehl gesünder. Es enthält alle Bestandteile des Weizenkorns und sättigt länger als das Mehl, bei dem nur der Kern des Weizenkorns, ohne Schalen und Keimling, genutzt werden.

**Notizen**

# 8.2 Kulturelle Einflüsse auf die Ernährung — Planen

**7b** Lest den Infotext und markiert wichtige Inhalte z. B. in Bezug auf Anbau, Herkunft, Aussehen der Pflanze und ihrer Verwendung. Notiert mögliche Fragen. Recherchiert zusätzlich im Internet, falls notwendig.

### Infotext Mais

Mais (Zea mays) gehört zur Familie der Süßgräser. Ursprünglich stammt Mais aus Mexiko und gilt als eines der ältesten Nahrungsmittel. Er wird aber nicht nur als Nahrungsmittel für Menschen, sondern auch als Futtermittel für Tiere verwendet. Hierfür wird er getrocknet, da er dann besonders viele Kalorien, sprich Energie, hat.

Um gut zu gedeihen, braucht Mais viel Sonne und hohe Temperaturen (25°C bis 30°C). Je nach Sorte liegt die Erntezeit zwischen Ende Juli und Ende September. Die Maispflanzen werden ca. 1,50 m groß. Geerntet wird der Mais in der sogenannten „Milchreife". Das bedeutet, dass die Körner ihre typische Farbe (von gelb über bunt bis dunkelviolett) und ihre typische Größe aufweisen. Je länger der Mais reift, umso mehr Zucker wird in Stärke umgewandelt. Dadurch wird der Mais hart und ungenießbar. Am süßesten schmeckt Mais direkt nach der Ernte.

Mais besteht zu ca. 72 % aus Wasser. Außerdem sind Fett, Eiweiß und Kohlenhydrate enthalten. Weiterhin enthält Mais Provitamin A, B-Vitamine, Vitamin C und Vitamin E sowie viele nützliche Mineralstoffe z. B. Eisen, Kalium, Kalzium und Zink. Mais enthält einen hohen Anteil an Ballaststoffen und trägt damit zu einer gesunden Verdauung bei. Am besten ist es natürlich, Mais direkt vom Feld zu essen, denn dann sind alle „guten" Inhaltsstoffe in ausreichender Menge vorhanden.

> Erinnerung: Menschen mit Zöliakie vertragen kein Gluten.

In unserer Ernährung wird Mais vielfältig verarbeitet, z. B. als Cornflakes, gekocht als Beilage zum Salat oder gebraten vom Grill. Als Mehlersatz ohne Gluten verwenden zöliakiekranke Menschen gerne Maismehl. Zudem kommt Mail vor als Maiskeimöl, als Polenta oder in Form von Popcorn.

**Notizen**

## 8.2 Kulturelle Einflüsse auf die Ernährung — Planen

**7c** Lest den Infotext und markiert wichtige Inhalte z. B. in Bezug auf Anbau, Herkunft, Aussehen der Pflanze und ihrer Verwendung. Notiert mögliche Fragen. Recherchiert zusätzlich im Internet, falls notwendig.

### Infotext Reis

Reis (Oryza) zählt neben Weizen zu den wichtigsten Getreidesorten weltweit. Fast die Hälfte der Weltbevölkerung ernährt sich hauptsächlich von Reis. Der Reisanbau ist ca. 6000 Jahre alt und stammt aus dem asiatischen Raum (Indien und China). Diese Länder stellen auch 90% der Weltproduktion an Reis her. Weitere Anbauländer sind in Europa Spanien, Italien und die Schweiz. Auch in Afrika wird Reis angebaut, z. B. in Ägypten, Nigeria und Madagaskar.

Reis wird traditionell nass auf Reisterrassen angebaut. Die kleinen Pflänzchen werden auf mit Wasser gefluteten Feldern eingepflanzt. Nach etwa 5 bis 6 Monaten ist der Reis dann erntereif. Das Wasser wird erst ca. 3 Wochen vor der Ernte abgelassen. Dann lässt man die Rispen in der Sonne trocknen und das Getreide wird, wie Weizen, gedroschen, um die Samenkörner (= Reiskörner) zu erhalten. Es werden ca. 3000 - 5000 Liter Wasser pro 1 kg Reis bei der Herstellung benötigt. Der Vorteil des „nassen Verfahrens" ist, dass Schädlinge und Unkraut keine Chance haben. Reisanbau ist überwiegend Handarbeit und sehr arbeitsintensiv.

> Rispen sind die oberen Pflanzenteile, an denen sich die Körner befinden.

Der Trockenanbau von Reis ist zwar möglich, ist aber noch teurer, wenig ertragreich und daher keine Alternative zum nassen Verfahren.

Es gibt viele Reissorten, die man in die beiden Gruppen Langkornreis und Rundkornreis (z. B. Milchreis) einteilen kann. Reis wird hauptsächlich als Sättigungsbeilage verwendet, z. B. in italienischem Risotto, spanischer Paella oder thailändischem Curry. Auch Sushi wird in Reis eingerollt und Frühlingsrollen werden in Reispapier gewickelt. Manche Nudeln werden aus dem glutenfreien Reismehl hergestellt, eine gute Alternative für zöliakiekranke Menschen.

> Erinnerung: Menschen mit Zöliakie vertragen kein Gluten.

Ernährungsphysiologisch ist Reis, vor allem weißer, geschälter (polierter) Reis, nicht sehr wertvoll. Reis enthält kaum Vitamine und Mineralstoffe, denn diese befinden sich vor allem in und an den Schalenanteilen.

Notizen

> ? Was haben überflutete Reisfelder und pupsende Kühe gemeinsam?
>
> → Beide scheiden Methangas aus. Dieses Gas ist schädlich und trägt zum Klimawandel bei!

| 8.2 | Kulturelle Einflüsse auf die Ernährung | Planen |  |

**7d** Lest den Infotext und markiert wichtige Inhalte z. B. in Bezug auf Anbau, Herkunft, Aussehen der Pflanze und ihrer Verwendung. Notiert mögliche Fragen. Recherchiert zusätzlich im Internet, falls notwendig.

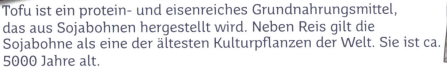

Tofu ist ein protein- und eisenreiches Grundnahrungsmittel, das aus Sojabohnen hergestellt wird. Neben Reis gilt die Sojabohne als eine der ältesten Kulturpflanzen der Welt. Sie ist ca. 5000 Jahre alt.

In Europa wird Tofu hauptsächlich als Fleischersatz für Vegetarier und Veganer verwendet. In China, woher der Tofu stammt, gilt er als Grundnahrungsmittel. Dort wird er auch in Kombination mit Fleisch serviert, z. B. in Form von Mapo Doufu, einem sehr scharfen Gericht aus der Provinz Sichuan.

Wie man es von der Käseherstellung kennt, wird bei der Herstellung von Tofu Milch zum Gerinnen gebracht. In diesem Fall allerdings die Sojamilch. Tofu ist daher tatsächlich mit Quark oder Käse zu vergleichen. Daher kommt auch der alte Name *Bohnenkäse* oder *Sojaquark* für Tofu. Um Sojamilch zu erhalten, werden die Sojabohnen in Wasser eingelegt, püriert und gekocht. Anstelle der Lab-Enzyme wie man sie bei der Käseherstellung nutzt (aus dem Kälbermagen) werden bei der Tofuherstellung als Gerinnungsmittel Nigari (aus Meerwasser), Calciumsulfat (Gips) oder Zitronensäure eingesetzt.

*Erinnerung: Calcium wird v. a. zum Erhalt und Aufbau unserer Knochen benötigt, Eisen für die Blutbildung usw.*

Tofu enthält viele Proteine (zwischen 5 und 20 g Protein/100 g Tofu) und ist daher ernährungsphysiologisch eine sinnvolle Alternative zu Fleisch (Rindfleisch hat ca. 19 g Eiweiß/ 100 g Tofu). Darüber hinaus enthält Tofu viele B-Vitamine, die sich positiv auf Nerven, Blutbildung und Stoffwechsel auswirken. Aus ernährungsphysiologischer Sicht ist Tofu darüber hinaus eine gute Quelle für Calcium, Magnesium und Eisen.

Tofu wird oft in Sojasoße eingelegt, geräuchert und dann gebraten, z. B. auf Salaten oder in Nudelgerichten.

Aufgrund des hohen Eiweißgehaltes ist gerade bei Vegetariern, die sich viel von derartigen Lebensmitteln ernähren, Vorsicht geboten. Übermäßiger Eiweißverzehr kann zu Nierenproblemen führen wie z. B. zur Bildung von Harnsteinen.

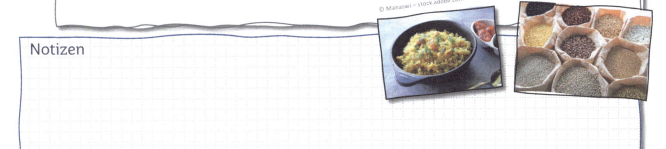

Notizen

# 8.2 Kulturelle Einflüsse auf die Ernährung — Planen

**7e** Lest den Infotext und markiert wichtige Inhalte z. B. in Bezug auf Anbau, Herkunft, Aussehen der Pflanze und Verwendung. Notiert mögliche Fragen. Recherchiert zusätzlich im Internet, falls notwendig.

### Infotext Kichererbsen

Die Kichererbse zählt zu den alten Nutzpflanzen und wird auch oft Felderbse genannt. Sie gehört zur Familie der Hülsenfrüchte (Fabaceae). Sie erreicht eine Wuchshöhe von bis zu 1 Meter und hat tiefe Wurzeln. Die ca. 2,5 bis 3,5 cm kurzen, grünlichen Hülsenfrüchte enthalten üblicherweise 1 bis 2 Samen. Hauptanbaugebiete sind die Türkei, Nordafrika, Mexiko, Afghanistan, Indien, Australien, Pakistan und Spanien. Die Kichererbse ist vor allem in Mexiko und Indien Grundnahrungsmittel. In Europa sind die größeren rundlichen, beige-gelb farbigen Samen aus dem Mittelmeerraum eher bekannter als die dunklen, runzeligen Samen aus Indien. Gerichte aus Kichererbsen sind vor allem im Vorderen Orient, Nordafrika und Indien verbreitet.

*Lectin wird durch Hitze zerstört.*

Verwendung: z. B. geröstet als Nüsse, verarbeitet als Falafel, Hummus, Pakora oder Laddu (aus Kichererbsen-Brei) oder gekochte Erbsen für Salat. Kichererbsen müssen gekocht oder anderweitig erhitzt werden. In rohem Zustand sind sie giftig. Sie enthalten das Gift Lectin.

*Erinnerung: Menschen mit Zöliakie vertragen kein Gluten.*

Die Erbsen werden genießbar, wenn sie in Wasser auf über 70 °C erhitzt werden. Danach werden sie in Dosen konserviert oder getrocknet. Die getrockneten Kichererbsen müssen in Wasser eingeweicht werden, um sie zu Brei oder Püree weiterzuverarbeiten. Das Kichererbsenmehl ist sehr eiweißreich und, anders als Weizenmehl, glutenfrei.

Die Kichererbse enthält in geringen Mengen Raffinose (ein Speicherkohlenhydrat und Dreifachzucker), welche wir Menschen nicht direkt verstoffwechseln können. Daher gelangt die Raffinose in den Dickdarm und wird dort von Darmbakterien abgebaut, was nach dem Verzehr von Kichererbsen zu Blähungen führen kann. Durch die Raffinose sind Kichererbsen ballaststoffreich und daher gute Unterstützer unserer Verdauung.

**Notizen**

## 8.2 Kulturelle Einflüsse auf die Ernährung — Entscheiden & Durchführen

Mikas Klasse hat alle Informationen gesammelt. Nun geht es an das Erstellen der Rezeptkarten und Steckbriefe.

**8** Entscheidet euch zunächst für die Gestaltung der **Rezeptkarten**.

*Nutzt diese Vorlage oder entwerft eine eigene Rezeptkarte.*

Rezept für: _____
Land mit Flagge: _____
Zutaten für 4 Personen: _____
Zubereitung: _____
Was passt dazu?

**9** Ihr habt euch für ein Layout entschieden? Perfekt!

Fügt hier eure **Rezeptkarte** ein. Bilder zum Gestalten findet ihr, wenn ihr möchtet, im Anhang.

# 8.2 Kulturelle Einflüsse auf die Ernährung — Entscheiden & Durchführen

Mikas Klasse hat alle Informationen gesammelt. Nun geht es an das Erstellen der Steckbriefe.

**⑩** Entscheidet euch jetzt für die Gestaltung des **Steckbriefes**. Legt die Inhalte sowie die Größe eures Steckbriefes fest (DIN A4 oder DIN A5).

Notiert hier die Inhalte:

**⑪** Ihr habt euch für ein Layout des Steckbriefes entschieden? Prima!

Skizziert hier den Aufbau eures **Steckbriefes** und erstellt ihn dann in der Größe, für die ihr euch entschieden habt. Bilder zum Gestalten findet ihr im Anhang.

# 8.2 Kulturelle Einflüsse auf die Ernährung — Kontrollieren

Alle Rezeptkarten und Steckbriefe sind bereit präsentiert zu werden. Los geht's!

© pixabay.com

© Rui Vale de Sousa – stock.adobe.com

**12** Stellt eure Rezeptkarte und den Steckbrief im Zweierteam der Klasse vor.

Pinnt danach beide Arbeitsprodukte an das Herkunftsland auf der aushängenden Weltkarte. Eure Lehrkraft hat das schon vorbereitet.

Gebt einem anderen Team Feedback und erhaltet von einem Team eine Rückmeldung zu euren Arbeitsprodukten.

Diese Rückmeldungen haben wir erhalten:

| Kriterien | ☺ | 😐 | ☹ |
|---|---|---|---|
| informativ | | | |
| vollständig | | | |
| übersichtlich | | | |

Das möchte ich noch rückmelden:

Rückmeldung von: _____

Um die Rezeptkarten und Steckbrief am Spezialitätenbasar neben den Gerichten zu präsentieren, nehmen wir noch folgende Berichtigungen vor:

| 8.2 | Kulturelle Einflüsse auf die Ernährung | | Bewerten |  |

**13** Wie zufrieden bist du mit deiner Arbeit? Was brauchst du zum Wachsen?

Trage in die Blätter der linken Blume Dinge ein, mit denen du nicht zufrieden warst, in die mittlere Blume Dinge, die ganz in Ordnung waren und in die Blätter der rechten Blume Dinge, die du beim nächsten Mal genauso machen möchtest, weil es dich hat wachsen lassen.

*Bist du zufrieden mit deinem Lernerfolg?*

*Was brauche ich, damit ich wachsen kann?*

Zum Schluss noch ein Feedback von dir zu dieser Lernaufgabe:

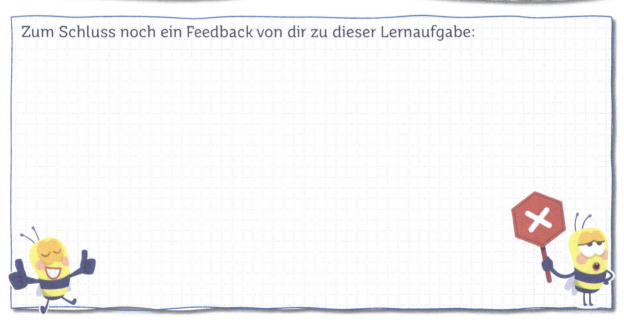

## 8.2 Kulturelle Einflüsse auf die Ernährung — Anhang

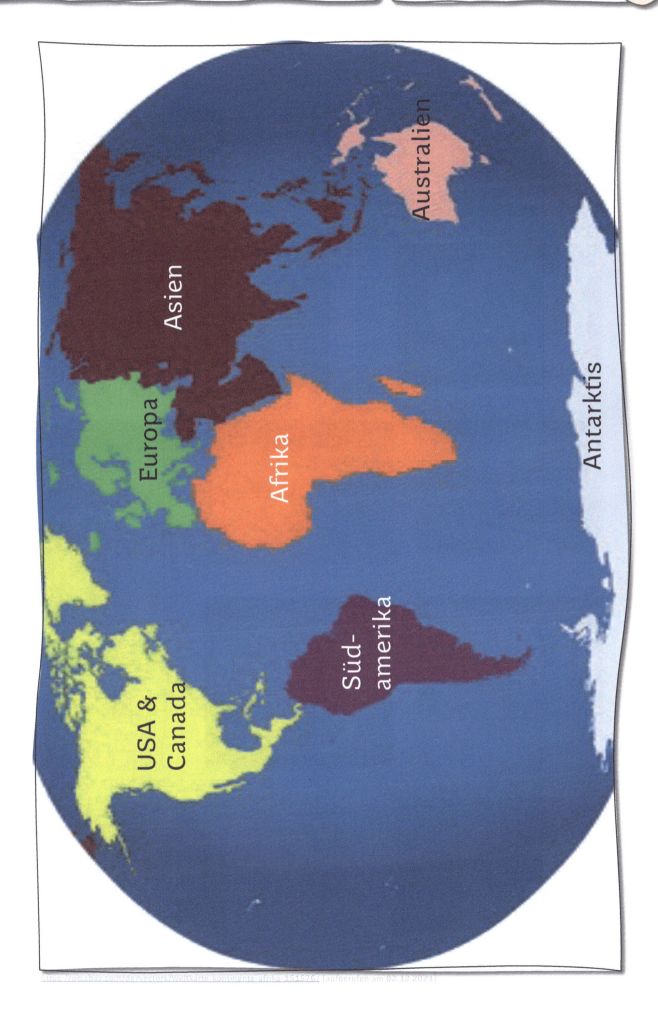

## 8.2 Kulturelle Einflüsse auf die Ernährung — Anhang

© Pavel – stock.adobe.com

© Konstiantyn Zapylaie – stock.adobe.com

© rdnzl – stock.adobe.com

© saravut – stock.adobe.com

© HandmadePictures – stock.adobe.com

© homohomozaza – stock.adobe.com

© Salisa – stock.adobe.com

© Roman Babakin – stock.adobe.com

© александр таланцев – stock.adobe.com

© Stephen Bonk – stock.adobe.com

© koss13 – stock.adobe.com

© koss13 – stock.adobe.com

## Lernfeld 8: Nachhaltige Ernährung und interkultureller Einfluss auf die Ernährung

Lernaufgabe 8.3: Religiöse Einflüsse auf die Ernährung

Ich kann ...

- Speisevorschriften unterschiedlicher Religionen zusammenfassen.
- diese Speisevorschriften tabellarisch darstellen.
- religiöse Speisebedürfnisse der Mitschülerinnen und Mitschüler meiner Klasse erfassen.
- Gerichte auf die Einhaltung der Speisevorschriften prüfen.

Zeitumfang: 6 Unterrichtsstunden

8.3 Religiöse Einflüsse auf die Ernährung — Informieren

Bei der Vorbereitung des Spezialitätenbasars mit kulinarischen Genüssen aus aller Welt tauchten bei Mikas Klasse Schwierigkeiten auf. Einige Schülerinnen und Schüler durften bestimmte Lebensmittel nicht essen.

Fragen kamen auf: „Warum? Schmeckt dir das nicht?". Die Antwort lautete meist: „Nein, ich darf das nicht essen, wegen meiner Religion."

Bei einer Umfrage in der Klasse, wurde festgestellt, dass nicht alle Schülerinnen und Schüler der gleichen Religion angehören; manche sogar keiner Religion. Daraufhin hat die Klasse beschlossen, sich zu informieren, was in den unterschiedlichen Weltreligionen in Bezug auf Speisenauswahl erlaubt ist, und was nicht.

Mika will mit seinen Mitschülern eine tabellarische Übersicht erstellen, aus der religionsbezogen erlaubte und verbotene Lebensmittel zu erkennen sind. Um beim Spezialitätenbasar direkt zu erkennen, welche Religionen bestimmte Gericht nicht essen dürfen, wollen sie alle Gerichte diesbezüglich mit Hinweisschildern versehen.

© Rui Vale de Sousa – stock.adobe.com

**1** Analysiere diese Situation. Welche Informationen sind wichtig? W-Fragen können dir bei der Analyse helfen.

*Was? Wo? Wann? Warum? …*

**2** Fallen dir weitere Fragen hierzu ein? Notiere deine Gedanken.

# 8.3 Religiöse Einflüsse auf die Ernährung — Planen

Mika und seine Mitschülerinnen und Mitschüler wollen zunächst herausfinden, welche Speisebedürfnisse in der Klasse beachtet werden müssen.

**3** Fülle den folgenden Bogen anonym aus.

*Deine Lehrerin hat den Bogen für dich aus dem Anhang kopiert.*

Wenn alle Mitschüler der Klassen den Bogen ausgefüllt haben, könnt ihr die Fragebögen im Klassenverband auswerten. Stellt die Abfragethemen hierzu als Zielscheiben oder in Tabellenform dar. Nutzt dazu Plakatpapier oder die Tafel. Übertragt die Häufigkeit der jeweiligen Antworten mit Strichlisten oder Klebepunkten.

*So könnte z. B. eure Zielscheibe zur Abfrage „Ich gehöre folgender Religion an" aussehen:*

**Ich gehöre folgender Religion an:**

○ keine  ○ Christentum  ○ Islam  ○ Judentum  ● Buddhismus
○ Hinduismus  ○ Sonstiges

**Ich lebe meinen Glauben:**  ○ streng  ○ weniger streng

**Ich ernähre mich:**

○ täglich mit Wurst und Fleisch  ○ wenig mit Wurst und Fleisch
○ vegetarisch  ○ vegan  ○ _____

**Ich halte mich außerdem an folgende Speisevorschriften:**




**Ich bin allergisch gegen:**

*Zeit für Teamarbeit…*

**4** Bildet Teams, indem ihr euch mit der Mitschülerin oder dem Mitschüler zusammensetzt, die/der zwei Plätze rechts von euch entfernt sitzt. Lest dann gemeinsam <u>einen</u> der folgenden Infotexte (S. 190–194).

Unser Team:

Unser Text:

**8.3　Religiöse Einflüsse auf die Ernährung　　　Planen**

Mika hat jetzt einen Überblick über die verschiedenen Religionen innerhalb der Klasse bekommen. Diese Informationen reichen ihm aber noch nicht aus, um zu entscheiden, welche Gerichte für den Basar geeignet sind.

**5a** Lest den Infotext durch und macht euch Notizen, die ihr später in einer tabellarischen Übersicht festhalten könnt (siehe Seite 196).

**ISLAM**

Die Speisegesetze im **Islam**

Der Alltag vieler gläubiger Muslime wird durch zahlreiche Gebote des Korans bestimmt. Das wirkt sich auf die Auswahl und Herstellung der Lebensmittel aus. Die verzehrten Speisen sollen physisch und moralisch rein sein. Man unterscheidet also zwischen Lebensmitteln, die rein und erlaubt **(halal)** sind und denjenigen, die verboten und unrein **(haram)** sind.

Zu den verbotenen Lebensmitteln (haram) zählen z. B.: Schweinefleisch und daraus hergestellte Produkte (wie Gelatine, Schmalz), innere Organe, Blut, Fleisch verstorbener Tiere (Aas), Fleisch von fleischfressenden Tieren und Aasfressern, Fleisch von Vögeln mit Krallen, Reptilien, Amphibien und Insekten, nicht-geschächtetes Fleisch (s. u.) und Alkohol.

Halal, also erlaubt, sind alle Speisen, die nicht ausdrücklich verboten sind. Dazu gehören Halal-Fleisch von Rind, Schaf, Ziege, Lamm oder Huhn, Eier, Frischmilch und Milchprodukte (wenn das Lab von halal geschlachteten Kälbern stammt), frischer Fisch mit Schuppen (wie Lachs, Karpfen oder Forelle), rein pflanzliche Fette, Öle und Butter, Wasser, naturtrüber Fruchtsaft (da zum Klären des ungetrübten Saftes oft Gelatine verwendet wird), Kaffee und Tee.

Für die Einstufung in halal oder haram spielt aber nicht nur die Art des Tieres eine Rolle, sondern auch der Ablauf der Schlachtung. Für **geschächtetes** Fleisch, muss der Schlachter selbst Muslim sein und bei der Tötung den Namen Allahs aussprechen. Dem lebendigen Tier werden Luft- und Speiseröhre sowie beide Schlagadern unterhalb des Kehlkopfes durchgeschnitten. Dadurch soll das möglichst schnelle und rückstandslose Ausbluten gewährleistet werden, da der Verzehr von Blut im Islam ausdrücklich verboten ist. In Deutschland ist diese Art der Schlachtung nach § 4 des Tierschutzgesetzes verboten. In vielen orientalischen Supermärkten wird Halal-Fleisch daher als Importware angeboten.

Gläubige Muslime halten außerdem eine feste Zeit des Fastens, der Enthaltsamkeit, ein. Diese dauert ca. 30 Tage und wird **Ramadan** genannt. Der Ramadan erinnert daran, dass der Erzengel Gabriel Mohammed den Koran offenbart hat. Dieser Monat ist eine Zeit, in der gläubige Muslime von Sonnenaufgang bis Sonnenuntergang keine Nahrung zu sich nehmen, nichts trinken, nicht rauchen und sich sexuell enthalten. Man hält sich von „Sünden" fern und besinnt sich auf seinen Glauben. Am Ende des Ramadans steht das Fastenbrechen, das mit dem **Zuckerfest** begangen wird.

Notizen:

*„Geschächtet" ist Fleisch, das unter bestimmten Bedingungen geschlachtet ist.*

# 8.3 Religiöse Einflüsse auf die Ernährung — Planen

Mika hat jetzt einen Überblick über die verschiedenen Religionen innerhalb der Klasse bekommen. Diese Informationen reichen ihm aber noch nicht aus, um zu entscheiden, welche Gerichte für den Basar geeignet sind.

**5b** Lest euch den Infotext durch und macht euch Notizen, die ihr später in einer tabellarischen Übersicht festhalten könnt (siehe Seite 196).

## Die Ernährungsvorschriften im **Judentum**

**JUDENTUM**

In der jüdischen Religion gibt es Speisegesetze (**Kashrut**), die z. T. weit über die Vorschriften der erlaubten und unerlaubten Lebensmittel hinausgehen. Wie in vielen anderen Religionen auch, ist der Umgang mit diesen Speisegesetzen sehr unterschiedlich, von streng bis hin zu völliger Nichtbeachtung. Ähnlich wie bei den Muslimen, werden Lebensmittel eingeteilt in Erlaubte (koscher) und Verbotene (nicht koscher oder treife). Alkohol, sofern koscher, ist erlaubt. Ziel der jüdischen Ernährungsvorschriften ist es, das physische und moralische Wohlergehen des Menschen zu gewährleisten. Folgende Grundsätze sind formuliert:

### 1. Koschere Tiere

Koscher ist ein Tier, wenn es gespaltene Hufe hat und ein Wiederkäuer ist, beispielsweise Kühe, Ziegen, Schafe und Rehwild. Schweine sind verboten, da sie keine Wiederkäuer sind. Weiterhin sind u. a. Hasen, Kaninchen und Pferde nicht erlaubt.
Koschere Vogelarten sind die heimischen Hühnerarten. Verboten sind alle Raubvögel und Aasfresser.
Wasserlebewesen sind koscher, wenn sie Flossen und Schuppen haben (wie Lachs, Thunfisch, Hecht, Karpfen, Flunder und Hering). Nicht koscher sind z. B. Aal, Wels, Stör, Schwertfisch, Krebse, Schalentiere, Krabben und alle Meeressäugetiere.
Milchprodukte und Eier von koscheren Tieren sind erlaubt.

### 2. Blutgenuss

Der Verzehr von Blut nicht erlaubt (vgl. Islam), daher werden auch im jüdischen Glauben die Tiere „geschächtet" (Vorgehen wie bei den Muslimen). Hier muss die Schlachtung von einem jüdischen Schlachter ausgeführt werden. Siehe Seite 190.

*Lies hierzu S. 190 im 4. Absatz!*

*„Geschächtet" ist Fleisch, wenn es unter bestimmten Bedingungen geschlachtet ist.*

### 3. Trennung von Fleisch- und Milchprodukten

Die wohl für uns komplizierteste Regel des Kaschrut ist die räumliche und zeitliche Trennung in der Zubereitung von fleischigen und milchigen Speisen. Parve (neutral) sind Lebensmittel, die weder Fleisch noch Milch enthalten. Juden verwenden in der Regel unterschiedliches Koch- und Essgeschirr sowie Essbesteck für Fleisch- und für Milchprodukte und es muss eine Wartezeit zwischen dem Verzehr der verschiedenen Speisen eingehalten werden.
(Fleisch → Milch = 6 h Abstand; Milch → Fleisch = 0,5 h Abstand)

Eines der wichtigsten Feste bei den Juden ist das **Pessachfest**. Dabei halten sich jüdische Familien an viele strenge Regeln, z. B. einer gründliche Reinigung der gesamten Wohnung. Während des gesamten Pessachfestes dürfen nur ungesäuerte Speisen gegessen werden. Besonders bekannt sind die Mazzen, ungesäuertes und flaches Brot. Der Verzehr von Mazzen erinnert daran, dass Juden bei ihrer Flucht keine Zeit hatten, normales Brot zu backen.

Notizen:

| 8.3 | Religiöse Einflüsse auf die Ernährung | | Planen |  |

Mika hat jetzt einen Überblick über die verschiedenen Religionen innerhalb der Klasse bekommen. Diese Informationen reichen ihm aber noch nicht aus, um zu entscheiden, welche Gerichte für den Basar geeignet sind.

 Lest euch den Infotext durch und macht euch Notizen, die ihr später in einer tabellarischen Übersicht festhalten könnt (siehe Seite 196).

Ernährung im **Christentum**

Christen müssen keine Speiseregeln beachten, weder in der Auswahl der Lebensmittel noch in der Zubereitung oder zeitlichen Abfolge von Speisen. Allerdings gibt es im christlichen Glauben Speiseempfehlungen für Fasten- und Abstinenztage. Da Jesus – nach christlicher Überlieferung – an einem Freitag gestorben ist, werden in katholisch geprägten Regionen an Freitagen auch heute noch keine Fleischgerichte, sondern Fisch- oder Eierspeisen auf den Tisch gebracht. In weniger gläubigen Gegenden gilt diese Regel nur an Karfreitag (Freitag vor Ostern).

Die wichtigste Fastenzeit ist die Zeit zwischen Aschermittwoch und Ostern. Sie dauert 40 Tage, da auch Jesus 40 Tage und Nächte in der Wüste fastete. Die Gläubigen sollen in dieser Zeit als äußeres Zeichen der Besinnung auf Gott, Verzicht üben. Auf was sie verzichten, ist jedem selbst überlassen (z. B. auf Alkohol, Süßigkeiten oder Autofahren).

Brot und Wein haben in der christlichen Religion einen hohen Stellenwert. Christen sehen im Brot den Leib und im Wein das Blut von Jesus Christus. Im Abendmahl reicht ihnen der Pfarrer beides an. Dadurch fühlen sie sich eng mit Jesus Christus und mit Gott verbunden.

Notizen:

| 8.3 | Religiöse Einflüsse auf die Ernährung | Planen |  |

Mika hat jetzt einen Überblick über die verschiedenen Religionen innerhalb der Klasse bekommen. Diese Informationen reichen ihm aber noch nicht aus, um zu entscheiden, welche Gerichte für den Basar geeignet sind.

**5d** Lest euch den Infotext durch und macht euch Notizen, die ihr später in einer tabellarischen Übersicht festhalten könnt (siehe Seite 196).

**BUDDHISMUS**

### Speisevorschriften im **Buddhismus**

Bei den Buddhisten geht es um den bewussten Umgang mit Nahrung, der sich hauptsächlich von den fünf buddhistischen Geboten – Silas genannt – ableitet:
Ein Buddhist soll nicht töten, nicht stehlen, nicht lügen, sich nicht berauschen und sich nicht unrechter Sexualität hingeben. Buddhisten leben vor allem in Asien (China, Japan, Nepal und Tibet). Zentraler Aspekt ist das Mitgefühl mit allem Lebendigen, also auch mit Tieren. Dennoch sind Buddhisten nicht zwangsläufig Vegetarier. Für einige Mönche gibt es ein tatsächliches Fleischverbot. Wenn das Tier nicht extra für sie geschlachtet wurde, ist es auch erlaubt, Fleisch zu essen.

Viele Buddhisten ernähren sich aber aufgrund der weitverbreiteten Massentierhaltung freiwillig vegetarisch. Buddhisten glauben auch, dass jedes fühlende Wesen einen Buddha in sich tragen könnte.

Grundsätzliche Verbote gelten im Buddhismus lediglich für den Verzehr von Elefanten-, Pferde-, Hunde-, Schlangen- und Raubtierfleisch. Auch Zwiebeln, Schnittlauch, Knoblauch, Lauch und Ingwer gehören zu den verbotenen Lebensmitteln, da ihnen eine stark anregende Wirkung zugesprochen wird, die ungewollte sexuelle Energien freisetzen könnte.

Eine generelle Fastenzeit gibt es bei den Buddhisten nicht. Allerdings wird die Essensmenge vor der Meditation reduziert, denn mit vollem Magen kann man nicht so gut meditieren. Manche gehen auch für einige Zeit in ein buddhistisches Kloster, um sich dort voll auf ihre Religion zu konzentrieren.

Notizen:

© Ina Ludwig – stock.adobe.com

© anitasstudio – stock.adobe.com

## 8.3 Religiöse Einflüsse auf die Ernährung — Planen

Mika hat jetzt einen Überblick über die verschiedenen Religionen innerhalb der Klasse bekommen. Diese Informationen reichen ihm aber noch nicht aus, um zu entscheiden, welche Gerichte für den Basar geeignet sind.

**5e** Lest euch den Infotext durch und macht euch Notizen, die ihr später in einer tabellarischen Übersicht festhalten könnt (siehe Seite 196).

### HINDUISMUS

**Speiseregeln im Hinduismus**

Der Hinduismus hat seinen Ursprung wie der Buddhismus in Indien. Ca. 80 % der Inder sind Hinduisten und leben nach dem Gebot der Gewaltlosigkeit. Dieses Gebot schließt nicht nur den Menschen, sondern alle Lebewesen ein. Daher ernähren sich auch viele Hindus vegetarisch. Früher durften Tiere noch verzehrt werden, sofern sie als Opfer getötet wurden. Erst über die Jahre wurde der Hinduismus vegetarisch.

Darüber hinaus glauben die Hindus an Wiedergeburt (Reinkarnation) und daran, dass Sünden aus dem „alten" Leben sich auch auf das „neue" Leben auswirken. Ihr Ziel ist ein gutes Karma in jedem Leben. Darüber hinaus könnte man auch in einem Tier wiedergeboren werden, also könnte in jedem Tier die Seele eines ehemaligen Menschen stecken.

Daher werden viele Tiere verehrt und Gottheiten als Tiergestalten dargestellt. Ein bekanntes Beispiel ist der Elefantengott Ganesha. Die Kuh wird als heiligste Tiergottheit angesehen, die den Sitz aller Götter in sich trägt.

In Indien leben Kühe in absoluter Freiheit, laufen ungestört durch den indischen Autoverkehr und werden sogar in Altenheimen gepflegt. Selbst diejenigen Hindus, die Fleisch essen, würden niemals Rindfleisch zu sich nehmen.

Wie bei den Muslimen und Juden gilt alles Reine als förderlich und glücksbringend, alles Unreine als schädlich und gefährlich. Daher ist das Händewaschen vor jeder Mahlzeit ein wichtiges Ritual, denn das Essen ist für Hindus eine religiöse Handlung. Es hat aber auch praktische Gründe, denn viele Hindus essen ohne Besteck mit der rechten Hand.

Feste Fastenrituale gibt es nicht. Jedes Fasten dient der seelischen Reinigung und Buße. Oft auch über längere Zeit in einem hinduistischen Kloster.

Notizen:

| 8.3 | Religiöse Einflüsse auf die Ernährung | Entscheiden |

Mika und seine Mitschülerinnen und Mitschüler haben nun sehr viele Infos über Speiseregeln der fünf Weltreligionen gesammelt und wollen diese jetzt übersichtlich darstellen.

**6** Entscheidet in der Klassengruppe,

(1) ... welche Form (Tabelle, Grafik) euer Überblick erhalten soll und begründet dies.
(2) ... welche Inhalte in der Übersicht erscheinen sollen.

Notiert die Ergebnisse auf dem Notizzettel oder an der Tafel.

Beispiel als Entscheidungshilfen....

|  | Christentum | Islam | .... | .... | ..... |
|---|---|---|---|---|---|
| Fleisch<br>• Schwein<br>• Rind<br>•<br>• |  |  |  |  |  |
| Sonstige LM<br>•<br>• |  |  |  |  |  |
| Zu beachten<br>•<br>•<br>• |  |  |  |  |  |

Orientiere dich an diesen Beispielen oder gestalte deine eigene Übersicht.

Form:

Begründung:

Inhalte:

## 8.3 Religiöse Einflüsse auf die Ernährung — Durchführen

Super, die Entscheidung ist getroffen! Mika und seine Klasse werden mit eurer Unterstützung eine informative Übersicht erstellen.

**(7)** Erstellt die Übersicht oder klebt ein Foto eurer Übersicht in den blauen Kasten.

*Denkt an eine leserliche Schrift und kurze, prägnante Aussagen.*

| 8.3 | Religiöse Einflüsse auf die Ernährung | Planen, Entscheiden & Durchführen |  |

Die Übersicht ist erstellt, Mika ist sehr zufrieden. Nun erinnert seine Mitschülerin Celina ihn daran, dass die Hinweisschilder zur Kennzeichnung der Gerichte für den Spezialitätenbasar noch fehlen. Mika entscheidet zunächst die Rezeptkarten, die bereits erstellt wurden zu verwenden, überprüft dann die Zutaten mithilfe seiner eben erstellten Übersicht und fertigt dann die Hinweisschilder an.

**8** Wählt fünf Rezeptkarten der Gerichte für den Spezialitätenbasar aus der Lernaufgabe 8.2 nochmal vor.

Prüft die Zutaten darauf, ob die Gerichte aufgrund religiöser Speisenvorschriften zu kennzeichnen sind. Vergleicht hierzu die Zutatenliste mit eurer Übersicht aus dieser Lernaufgabe. Notiert eure Ergebnisse.

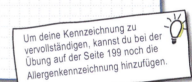

Um deine Kennzeichnung zu vervollständigen, kannst du bei der Übung auf der Seite 199 noch die Allergenkennzeichnung hinzufügen.

**9** Entscheidet, wie eure Hinweisschilder aussehen sollen. Skizziert eure Ideen oder fertigt u. U. einen Prototypen an. Bastelmaterial liegt in der Klasse bereit.

So oder ähnlich könnten eure Hinweisschilder aussehen.

**10** Fertigt nun für die gewählten Gerichte des Spezialitätenbasars eure Hinweisschilder zur Kennzeichnung an.

# 8.3 Religiöse Einflüsse auf die Ernährung — Kontrollieren & Bewerten

Mika hat mit seinen Mitschülerinnen und Mitschülern den Überblick über die Speisevorschriften der fünf Weltreligionen erstellt und ausgehängt. Darüber hinaus sind die Hinweisschilder in der Klasse aufgestellt.

*Arbeite von hier an wieder für dich.*

**11** Präsentiert eure Ergebnisse zwei Mitschülerinnen oder Mitschülern eurer Klasse und lasst euch deren Ergebnis präsentieren.

Nun bewerte: Wie zufrieden bist du mit eurem Ergebnis und eurer Vorgehensweise? Trage <u>deine</u> Bewertung in die dargestellten Reflexionskarten ein.

| Damit bin ich besonders zufrieden: | Damit bin ich nicht zufrieden: | Für das nächste Mal nehme ich mir vor: |
|---|---|---|
| | | |

Hier noch ein kurzes Feedback zu der Lernaufgabe.

*Markiere die Gesichter farbig und schreib noch ein paar Worte dazu.*

| | 🙂 | 😐 | ☹️ |
|---|---|---|---|
| spannend | | | |
| informativ | | | |
| verständlich | | | |

| 8.3 | Religiöse Einflüsse auf die Ernährung | | Üben  |

Informiere dich im Internet über die 14 kennzeichnungspflichtigen allergenen Zutaten. Sie lösen bei vielen Menschen Allergien aus. Aus diesem Grund sollte die Verwendung dieser Lebensmittel durch entsprechende Hinweise sichtbar gemacht werden.

Prüfe die Zutaten der ausgewählten Gerichte für den Spezialitätenbasar auf Allergene. Notiere deine Ergebnisse und ergänze deine Hinweisschilder entsprechend.

|  | Name des Gerichtes: | Allergene Zutaten: |
|---|---|---|
| Rezept 1: | | |
| Rezept 2: | | |
| Rezept 3: | | |
| Rezept 4: | | |
| Rezept 5: | | |

# 8.3 Religiöse Einflüsse auf die Ernährung — Anhang

**Ich gehöre folgender Religion an:**

○ keine   ○ Christentum   ○ Islam   ○ Judentum   ○ Buddhismus
○ Hinduismus            ○ Sonstiges

**Ich lebe meinen Glauben:**   ○ streng   ○ weniger streng

**Ich ernähre mich:**

○ täglich mit Wurst und Fleisch     ○ wenig mit Wurst und Fleisch
○ vegetarisch         ○ vegan     ○ _____

**Ich halte mich außerdem an folgende Speisevorschriften:**




**Ich bin allergisch gegen:**

In Lernfeld 8 habe ich Lernaufgaben zur nachhaltigen Ernährung und zum interkulturellen Einfluss auf die Ernährung bearbeitet.

© BillionPhotos.com – stock.adobe.com

BERUFSFACHSCHULE - FACHSTUFE II

# BERUFLICHE KOMPETENZ

Fachrichtung Gastronomie und Nahrung

## LERNFELD 9
Gewährleistung von Lebensmittelsicherheit und Einhaltung rechtlicher Bestimmungen

## LERNFELD 10
Marktorientierte, ökonomische und anlassbezogene Planung von berufstypischen Veranstaltungen

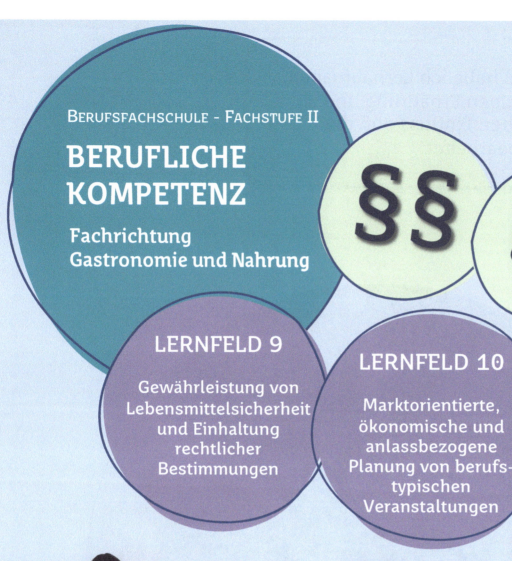

## Lernaufgaben

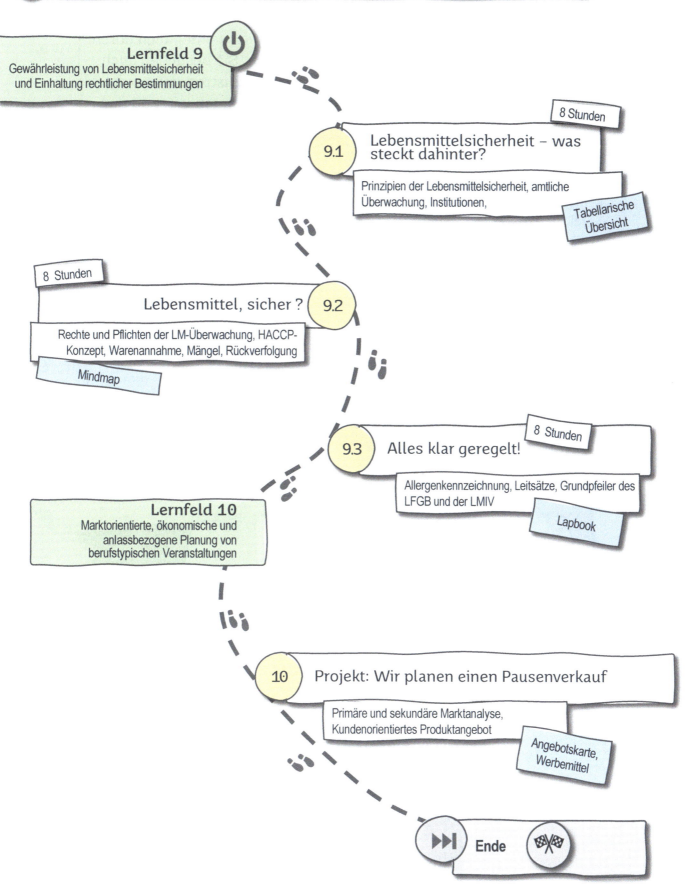

▶ Annalena, Celina und Mika

Annalena, Celina und Mika werden dich durch die Lernaufgaben führen. Sie besuchen auch die Berufsfachschule für Gastronomie und Nahrung. Gemeinsam mit ihnen wirst du nun auch in der BFS II viel Neues lernen.

Celina absolvierte ihr Praktikum in der Bäckerei und arbeitete dabei immer selbstständiger. Vor allem im Umgang mit den verschiedenen Kundentypen wurde Celina dann auch immer sicherer. Sie kann sich sehr gut vorstellen, nach ihrem Abschluss im Nahrungsbereich eine Ausbildung zu beginnen.

Annalena entschied sich für ein Praktikum im Restaurant und stellte sehr schnell fest, dass diese Entscheidung für sie genau richtig war. Je mehr Aufgaben Annalena selbstständig durchführen durfte, desto mehr Freude machten ihr der Umgang mit den Gästen und die kreativen Arbeiten im Service.

Mika fühlte sich in der Fleischerei von Anfang an sehr wohl und auch nach einem Jahr Praktikum hat sich dieser Berufswunsch bestätigt. Die vielen Möglichkeiten Fleischwaren herzustellen, zu behandeln und hier eigene Ideen zu verwirklichen, faszinieren Mika sehr.

© imphilip – stock.adobe.com

© Krakenimages.com – stock.adobe.com

© Rui Vale de Sousa – stock.adobe.com

In den Lernaufgaben löst du berufliche Aufgabenstellungen nach dem Prinzip der „vollständigen Handlung".

Um Arbeitsaufträge und Problemstellungen zu bewältigen, brauchst du Strategien! Damit du dir gute Strategien aneignen kannst, bearbeitest du Lernaufgaben nach dem Prinzip der „vollständigen Handlung".
Idealerweise geht man so in einem Beruf vor, um Arbeitsaufträge erfolgreich zu meistern.
Wenn du in den kommenden Lernfeldern immer wieder Aufträge und Problemstellungen in der vollständigen Handlung löst, wirst du viele Kompetenzen aufbauen.
Du wirst schließlich viel wissen und viel können! Aber du musst auch wollen!

⇨ Dann bist du kompetent und kannst herausfordernde Probleme lösen.

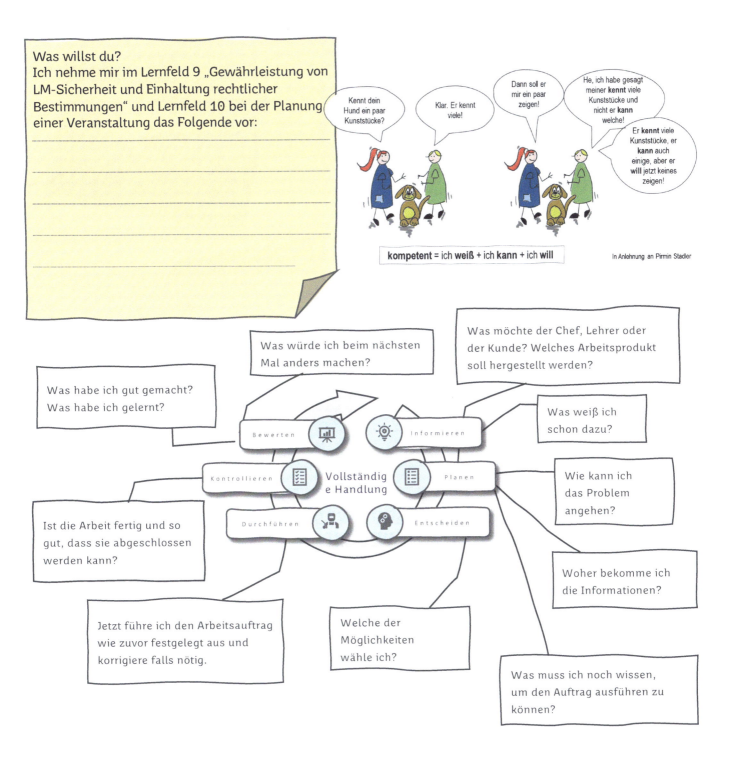

Ich kann ...

... erklären, wie der Begriff „Lebensmittel" definiert ist.

... das Grundprinzip der Lebensmittelsicherheit nennen.

... die Institutionen der Lebensmittelsicherheit und ihre Aufgaben unterscheiden.

| Lernfeld 9: | Gewährleistung von Lebensmittelsicherheit und Einhaltung rechtlicher Bestimmungen |
|---|---|
| Lernaufgabe 9.1: | Lebensmittelsicherheit – Was steckt dahinter? |

Zeitumfang: 8 Unterrichtsstunden

# 9.1 Lebensmittelsicherheit – Was steckt dahinter? — Informieren

© Rui Vale de Sousa – stock.adobe.com

Im Unterricht startet das Lernfeld 9, Gewährleistung von Lebensmittelsicherheit und Einhaltung rechtlicher Bestimmungen. Die Lehrerin der Klasse schlägt den Schülerinnen und Schülern vor, sich zunächst zum Begriff „Lebensmittel" und darauf aufbauend über „Lebensmittelsicherheit" genauer zu informieren. Besonders interessant findet sie, darüber informiert zu sein, welche Institutionen die Lebensmittelsicherheit gewährleisten. Deshalb möchte sie, dass die Schülerinnen und Schüler eine tabellarische Übersicht über die Institutionen zusammenstellen, aus der auch deren Aufgaben hervorgehen.

Mika erinnert sich an eine besondere Situation in seinem Praktikumsbetrieb, der Fleischerei Fleischgut. Damals erkrankte eine ältere Dame, die in der Fleischerei Fleischsalat kaufte. Die sogenannte Lebensmittelüberwachung untersuchte damals die Produkte und die Hygienemaßnahmen des Betriebs. Zum Glück waren alle Produkte sicher und einwandfrei. Der Chef lobte alle Mitarbeiter nach dieser aufregenden Situation für die korrekte Umsetzung der rechtlichen Vorgaben.

**1** Analysiere die beschriebene Situation und notiere hier alle wichtigen Informationen in Stichpunkten. Notiere dir auch Fragen, Gedanken und Ideen, die darüber hinaus wichtig sein könnten.

*Dokumentiere von Beginn an deine Arbeitsschritte in der Tabelle auf Seite 215.*

## 9.1 Lebensmittelsicherheit – Was steckt dahinter?  Planen

Mikas Lehrerin meinte, dass zunächst klar sein sollte, was ein Lebensmittel überhaupt ist. Deshalb will er damit seine Recherche beginnen.

② Lest folgenden Text und stellt dessen Inhalt in Form eines Schaubildes dar. Ordnet Lebensmittelbeispiele, wie ihr sie auf der Seite 216 findet, zu. Die aus-geschnittenen Fotos könnt ihr dann an der passenden Stelle fixieren. Nutzt ein separates Blatt.

© Rui Vale de Sousa – stock.adobe.com

### Was sind eigentlich „Lebensmittel"?

Lebensmittel sind Stoffe, die roh, zubereitet, be- oder verarbeitet für die menschliche Ernährung geeignet sind. Sie werden vom Menschen getrunken, gekaut oder gegessen.

Lebensmittel dienen dem Menschen jedoch nicht nur zur Sättigung, also zur Stillung eines seiner Grundbedürfnisse, sondern auch zum Genuss.

Man unterteilt Lebensmittel zum einen also in Nahrungsmittel, jene Lebensmittel, die Menschen essen, um zu leben. Und zum andern in Genussmittel. Genussmittel werden nicht in erster Linie zur Sättigung konsumiert, sondern vielmehr aufgrund ihres Geschmacks und ihrer anregenden Wirkung auf den menschlichen Körper.

Während Genussmittel meist pflanzlichen Ursprungs sind, gibt es bei den Nahrungsmitteln sowohl tierische als auch pflanzliche Produkte.

Platz für deine Notizen oder für eure Skizze des Schaubildes.

Beispiel-Lebensmittel findet ihr auf Seite 216 oder ergänzt eure Übersicht durch eigene Bilder.

| 9.1 | Lebensmittelsicherheit – Was steckt dahinter? | Planen  |

Was man unter dem Begriff Lebensmittel versteht, ist Mika jetzt vollkommen klar. Weiter geht es mit der Lebensmittelsicherheit. Was verbirgt sich dahinter? Er sucht im Internet.

③ Recherchiere mit deiner Banknachbarin oder deinem Banknachbarn im Internet oder in den ausliegenden Büchern nach einer Erklärung des Begriffs Lebensmittelsicherheit. Schreibt in euren eigenen Worten die Bedeutung auf.

*Lebensmittelsicherheit bedeutet, ...*

Bei seiner Internetrecherche stößt Mika auf einen informativen Film. Er schaut ihn sich an.

© Rui Vale de Sousa – stock.adobe.com

BMEL - Kontrolle + Risikomahttps://www.bmel.de/DE/themen/verbraucherschutz/lebensmittelsicherheit/kontrolle-und-risikomanagement/lebensmittelkontrolle-in-deutschland.htmlnagement - Lebensmittelkontrolle in Deutschland

④ Schaut euch den Film zur Lebensmittelsicherheit auf der Internetseite des Bundesministeriums für Ernährung und Landwirtschaft (BMEL) an und schreibt euch die 7 Prinzipien heraus, auf denen die Lebensmittelsicherheit basiert.

Wenn ihr möchtet, könnt ihr auch die Erklärungen zu den Prinzipien ergänzen. Im Text auf der nächsten Seite findest du hierzu weitere Informationen.

Die 7 Prinzipien der Lebensmittelsicherheit:

1.

2.

3.

4.

5.

6.

7.

# 9.1 Lebensmittelsicherheit – Was steckt dahinter? Planen

Der Film hat Mika einen Überblick gegeben. Darin wurde auch über die Institutionen gesprochen, die für die Überwachung der Lebensmittelsicherheit verantwortlich sind. Er liest noch einen passenden Text.

*Institution ist eine Einrichtung, z. B. eine Behörde.*

**5** Lest euch den folgenden Text durch - zunächst jeder konzentriert für sich. Findet danach gemeinsam die einzelnen Prinzipien der Lebensmittelüberwachung. Markiert diese.

### Die amtliche Lebensmittelüberwachung

Wer schützt uns, damit Lebensmittel nicht unsere Gesundheit gefährden? Lebensmittelsicherheit funktioniert nach dem Prinzip „Vom Acker/Stall bis zum Teller". Sie beginnt bei der Lebensmittelherstellung. Die Hersteller unterliegen der *Sorgfaltspflicht* und müssen durch betriebseigene Kontrollen sicherstellen, dass ihre Produkte einwandfrei sind. Woher die Hersteller ihre Produkte beziehen und wohin sie diese verkaufen, müssen die Hersteller aufschreiben, damit alles *rückverfolgbar* ist.

Ob die Eigenkontrolle der Hersteller funktioniert, wird von den Landesbehörden (im Saarland dem **Landesamt für Verbraucherschutz**) kontrolliert, quasi die *Kontrolle der Kontrolle*. Sie überprüfen auch die Hygiene bei Verarbeitung, Lagerung und Transport der Lebensmittel.

In pflanzlichen Lebensmitteln können auch andere Rückstände vorkommen, z. B. Pflanzenschutzmittel. Wie hoch Rückstände maximal sein dürfen, ist *vorsorglich* durch Grenzwerte festgelegt. Diese liegen weit unter den Werten, die für Menschen schädlich sind. Risiken werden *wissenschaftlich* und unabhängig *bewertet*. Dies geschieht durch das **Bundesinstitut für Risikobewertung (BfR)**. Dessen Einschätzungen dienen dem Bundesamt für Verbraucherschutz und Lebensmittelsicherheit (BVL) und dem Bundesministerium für Ernährung und Landwirtschaft (BMEL) als Grundlage für ihre Entscheidungen über die Grenzwerte. Somit sind *Risikobewertung und Risikomanagement getrennt*.

Das **Bundesamt für Verbraucherschutz und Lebensmittelsicherheit (BVL)** trifft die fachliche Entscheidung, ob und welche Maßnahmen ergriffen werden müssen, um Risiken zu minimieren. Es steht zudem Städten und Landkreisen unterstützend zur Seite.

Für die rechtlichen Rahmenbedingungen ist das **Bundesministerium für Ernährung und Landwirtschaft (BMEL)** verantwortlich. Es informiert z. B. über gesunde Ernährung und erlässt entsprechende Vorschriften zur Lebensmittelsicherheit. Lebensmittel dürfen demnach keine gefährlichen Stoffe, wie Gifte oder Krankheitserreger, enthalten. Im Bereich der Landwirtschaft schreibt das BMEL z. B. vor, dass Tiere gesund aufwachsen und genügend Platz zum Leben haben.

Für die Durchführung und Organisation der amtlichen Lebensmittelüberwachung sind in Deutschland die einzelnen Bundesländer zuständig. Das **Ministerium für Umwelt und Verbraucherschutz (MUV)** organisiert im Saarland die Maßnahmen zur Durchführung der Überwachung. Es fertigt die Gesetze zur Lebensmittelüberwachung an. Das Ministerium gibt dem **Landesamt für Verbraucherschutz (LAV)** Überwachungs- und Untersuchungsschwerpunkte vor. Das LAV ist die ausführende Stelle der Lebensmittelüberwachung nach den hierzu erlassenen Vorschriften. Hier erfolgt auch die Untersuchung und Beurteilung von Lebensmittelproben.

Ist trotz aller Maßnahmen ein Lebensmittel auf den Markt gelangt, das den gesetzlichen Anforderungen und Grenzwerten nicht entspricht, werden die Verbraucher über die *Medien oder über den Handel umgehend informiert*. Der Hersteller muss dann das Produkt vom Markt nehmen und für mögliche Schäden haften.

*Das BVL veröffentlicht hier öffentliche Warnungen und Informationen:*
https://www.lebensmittelwarnung.de/bvl-lmw-de/liste/alle/deutschlandweit/10/0

| 9.1 | Lebensmittelsicherheit – Was steckt dahinter? | Planen

**6** Lest euch den Text von Seite 210 noch einmal durch. Markiert euch die Aufgaben der einzelnen Institutionen und schreibt sie hier stichpunktartig auf.

### Die Institutionen der Lebensmittelsicherheit und ihre Aufgaben:

**BfR**
Bundesinstitut für Risikobewertung

_____

_____

_____

**BMEL**
Bundesministerium für Ernährung und Landwirtschaft

_____

_____

_____

**BVL**
Bundesamt für Verbraucherschutz und Lebensmittelsicherheit

_____

_____

_____

**MUV**
Ministerium für Umwelt und Verbraucherschutz

_____

_____

_____

**LAV**
Landesamt für Verbraucherschutz

_____

_____

_____

| 9.1 | Lebensmittelsicherheit – Was steckt dahinter? | Entscheiden |  |

Mika fühlt sich inzwischen gut informiert, um die tabellarische Übersicht über die Institutionen der Lebensmittelsicherheit und deren Aufgaben zu erstellen. Er überlegt jetzt, wie er diese aufbauen und gestalten will.

**(7)** Überlegt nun gemeinsam, wie eure tabellarische Übersicht aussehen soll.
- Welche inhaltlichen Elemente sollen enthalten sein?
- Wie sollen diese in der Tabelle angeordnet sein?

Macht euch Notizen.

> Auf der Seite 217 findet ihr einige mögliche Elemente für eure tabellarische Übersicht. Diese dürft ihr gerne verwenden und ergänzen.

Notizen zu Inhalt und Anordnung der tabellarischen Übersicht:

Durchführen

 **(8)** Erstellt nun eure tabellarische Übersicht über die Institutionen der Lebensmittelüberwachung mit deren Aufgaben.

 Gerne könnt ihr auch ein DIN A 3-Blatt verwenden.

9.1  Lebensmittelsicherheit – Was steckt dahinter?   Kontrollieren

Mika ist mit seiner tabellarischen Übersicht fertig. Er zeigt sie im Unterricht seiner Lehrerin und seinen Mitschülerinnen und Mitschülern.

 Tauscht eure Übersichten mit einem anderen Zweier-Team in eurer Klasse aus: Schaut euch das jeweilige Arbeitsergebnis an. Gebt euch gegenseitig ein Feedback.

Rückmeldung für unsere Übersicht von _____ und _____:

| Kriterien | 👍 | ✊ | 👎 |
|---|---|---|---|
| Die Tabelle ist ordentlich, übersichtlich und sauber angelegt. | | | |
| Die Inhalte der Übersicht sind vollständig. | | | |
| Die Inhalte der Übersicht sind verständlich und interessant formuliert. | | | |

Folgende Veränderungen haben wir nach der Rückmeldung an unserer Übersicht noch vorgenommen:

| 9.1 | Lebensmittelsicherheit – Was steckt dahinter? | Bewerten |  |

Mika ist jetzt bestens über die Organisation der amtlichen Lebensmittelüberwachung informiert. Er bedankt sich bei euch für die tolle Unterstützung.

**10** Wie zufrieden bist du mit deiner Arbeit?

Trage <u>links</u> in die Blätter Dinge ein, mit denen du nicht zufrieden bist, die du verbessern möchtest.

In die <u>Mitte</u> schreibst du Dinge, die ganz in Ordnung waren.

Schreibe in die Blätter der <u>rechten</u> Blume Dinge, die dir schon sehr gut gelungen sind.

| 9.1 | Lebensmittelsicherheit – Was steckt dahinter? | Abschluss  |

Überprüfe mithilfe der Tabelle, ob du alle Aufgaben bearbeitet hast.

Bewerte dabei nach Erledigen aller Handlungsprodukte deinen Lernstand am Ende der Lernaufgabe. Verwende dabei folgende Zeichen:

- ++ : Das kann ich richtig gut.
- \+ : Das kann ich.
- \- : Das kann ich nicht so gut und schaue es mir nochmal an.

*Führe diese Tabelle parallel zu den Lernschritten der Lernaufgabe.*

Dokumentiere in der Tabelle deine einzelnen Lernschritte.

| Nr. | Handlungsprodukte | erledigt am: | Bewertung: |
|---|---|---|---|
| 1 | Notizzettel Szenario | | |
| 2 | Der Begriff „Lebensmittel", Schaubild | | |
| 3 | Recherche zum Begriff „Lebensmittelsicherheit" | | |
| 4 + 5 | 7 Prinzipien der Lebensmittelsicherheit, Notizen | | |
| 6 | Übersicht, Institutionen der Lebensmittelsicherheit | | |
| 7 | Festlegen von Inhalt und Aufbau der tabellarischen Übersicht | | |
| 8 | Übersicht erstellen | | |
| 9 | Feedback | | |
| 10 | Selbstreflexion | | |

## 9.1 Was ist eigentlich Lebensmittelsicherheit? — Anhang

Hier findet ihr die Lebensmittelbilder, die ihr in eurer Mindmap an der passenden Stelle als Beispiele für die Lebensmittelgruppen einkleben könnt.

Möchtet ihr dieses Blatt nicht zerschneiden, fragt die Lehrkraft nach einer Kopie dieser Seite.

Das auf den Bildern Dargestellte steht stellvertretend für folgende Begriffe: Alkohol, Eier, Fisch, Fleisch, Gemüse, Getreide, Hülsenfrüchte, Käse, Kaffee, Obst, Schokolade, Tee.

# 9.1 Was ist eigentlich Lebensmittelsicherheit? — Anhang

Hier findet ihr mögliche Gestaltungselemente für eure tabellarische Übersicht. Gerne könnt ihr aber auch eigene Elemente erstellen. Denkt auch an die Aufgaben der einzelnen Institutionen.

*Wollt ihr dieses Blatt nicht zerschneiden, fragt die Lehrkraft nach einer Kopie dieser Seite.*

- **Bundesebene**
- **Bewertung**
- **Eigenkontrollen der Lebensmittelunternehmer**
- **BMEL** – Bundesministerium für Ernährung und Landwirtschaft
- **BfR** – Bundesinstitut für Risikobewertung
- **LAV** – Landesamt für Verbraucherschutz
- **MUV** – Ministerium für Umwelt und Verbraucherschutz
- **Gesetzgebung**
- **Unternehmensebene**
- **BVL** – Bundesamt für Verbraucherschutz und Lebensmittelsicherheit
- **Landesebene (Saarland)**
- **Durchführung**

## Lernfeld 9: Gewährleistung von Lebensmittelsicherheit und Einhaltung rechtlicher Bestimmungen

Lernaufgabe 9.2: Lebensmittel, sicher?

Ich kann ...

- ... Rechte und Pflichten bei der Lebensmittelüberwachung beschreiben.
- ... anhand berufsrelevanter Beispiele Maßnahmen zur Gewährleistung von Lebensmittelsicherheit beschreiben.
- ... das HACCP-Konzept erläutern und anwenden.
- ... Wareneingangskontrollen von Lebensmitteln durchführen.
- ... offene und versteckte Mängel unterscheiden.
- ... die Notwendigkeit der Rückverfolgung begründen.

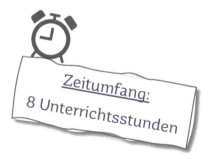

Zeitumfang: 8 Unterrichtsstunden

| 9.2 | Lebensmittel, sicher? | Informieren |  |

Am Frühstückstisch liest Celina folgenden Auszug aus einem Zeitungsartikel:

*„Ratten im Vorratsraum, Mäusefallen im Waschbecken, mit Schimmel überzogene Pommes oder Fleisch, das zum Auftauen auf dem dreckigen Fußboden liegt. Was Lebensmittelkontrolleure bei ihren Kontrollen in lebensmittelverarbeitenden Betrieben erleben müssen, ist einfach nur widerlich. Hygienische Mängel führen im Schnitt bei rund einem Viertel der Betriebe zu Beanstandungen oder sogar zu Schließungen. Von dem Schmuddel hinter der Theke bekommen die Kunden meist nichts mit, da den Betrieben oftmals eine Frist zur Beseitigung der Mängel eingeräumt wird. Und in dieser Zeit bedienen diese ihre Kunden weiter. Bußgelder schrecken nicht ab, sagen Verbraucherschützer."*

Celina denkt an ihre Praktikumszeit in der Bäckerei zurück. Sie erinnert sich an einen Tag, an dem ihr Chef alle Angestellten darüber informierte, dass er in nächster Zeit mit einer Überprüfung des Betriebes durch Lebensmittelkontrolleure rechne.

Da Celina in der BFS im Fach BK zur Zeit im Lernfeld Gewährleistung von Lebensmittelsicherheit arbeitet, fragt sie die Lehrerin, ob sie ihre Erfahrungen einbringen kann. Annalena und Mika sind sofort dabei, als die Lehrerin ihnen vorschlägt eine Mindmap hierzu zu erstellen. Sie wollen darstellen, was Lebensmittelkontrolleure eigentlich tun und damit auch das Thema Lebensmittelsicherheit genauer beleuchten.

© imphilip – stock.adobe.com

① Analysiere diese Situation. Welche Informationen sind wichtig? Die bekannten W-Fragen können dir bei der Analyse helfen.

② Schau dir nun die Lernaufgabe 2.2 nochmal genau an.
Notiere dir die drei Säulen der Hygiene und gib jeweils zwei Beispiele aus dem Lebensmittelbereich an.

| 9.2 | Lebensmittel, sicher? | | Informieren |

Mika hat in der letzten Lernaufgabe gelernt, dass die Lebensmittelüberwachung Teil des Landesamtes für Verbraucherschutz (LAV) ist. Annalena, Celina und Mika schauen sich die Aufgaben des LAV nochmal an, bevor sie sich mit der Lebensmittelüberwachung beschäftigen.

**3** Notiere dir die Aufgaben des LAV in Stichpunkten.

**4** Lies den nachfolgenden Text aufmerksam durch. Notiere unter dem Infotext jeweils die Rechte und die Pflichten von Betrieb und Lebensmittelkontrolleur.

### Was versteht man unter Lebensmittel-Überwachung?

Lebensmittelkontrolleure überprüfen in unregelmäßigen Abständen unangemeldet alle Betriebe, in denen Lebensmittel hergestellt, verarbeitet oder verkauft werden. Die Betriebe werden zufällig ausgewählt. Kommt es dabei zu Beanstandungen oder Beschwerden von Kunden bzw. Gästen, überprüft der Lebensmittelkontrolleur den entsprechenden Betrieb häufiger.

Bei den Kontrollen müssen sich sowohl Kontrolleure als auch Betriebe an bestimmte Regeln halten. So dürfen die Kontrolleure während der Arbeits- und Geschäftszeiten:

- Räume und Einrichtungen auf die Einhaltung der Hygienevorschriften überprüfen,
- Rohstoffe und Produkte auf Hygiene und Einhaltung lebensmittelrechtlicher Vorschriften kontrollieren sowie
- Proben von Lebensmitteln entnehmen und diese untersuchen lassen.

Die Lebensmittelkontrolleure unterliegen der Schweigepflicht und müssen unbestechlich sein.

Betriebe und deren Mitarbeiter sind verpflichtet, den Kontrolleuren alle Räume zu zeigen, dürfen sie nicht bei der Arbeit behindern und müssen Fragen zu den verwendeten Rohstoffen und Herstellungsverfahren beantworten. Betriebe müssen von den Kontrolleuren über die Beanstandungen informiert werden und erhalten eine Frist zur Beseitigung festgestellter Mängel.

| Lebensmittelkontrolleur | | Betrieb | |
|---|---|---|---|
| Rechte: | Pflichten: | Rechte: | Pflichten: |

## 9.2 Lebensmittel, sicher? — Planen

Nachdem Celina, Annalena und Mika nun einiges über die Arbeit von Lebensmittelkontrolleuren erfahren haben, möchten sie wissen, wie Betriebe Lebensmittelsicherheit gewährleisten können und somit eine Beanstandung durch den Lebensmittelkontrolleur vermeiden. Celina erinnert sich daran, dass in der Bäckerei ein Ordner mit dem Namen „HACCP" stand, in dem der Chef regelmäßig Listen abheftete.

**5** Lies den Informationstext und markiere wichtige Stellen farbig. Notiere unklare Begriffe und schlage sie in deinem Fachbuch nach oder frage deine Lehrkraft.

### Was bedeutet HACCP?

HACCP ist die Abkürzung der englischen Begriffe **H**azard **A**nalysis and **C**ritical **C**ontrol **P**oints, was so viel bedeutet, wie:

**Untersuchung der Gefahren (Risiken) und Lenkung kritischer Punkte.**

Das HACCP-Konzept ist eine Verordnung, die in der EU verpflichtend umgesetzt werden muss. Alle Betriebe, die Lebensmittel zubereiten, verarbeiten, herstellen, verpacken, lagern, befördern, verteilen, behandeln und verkaufen, müssen ein HACCP-Konzept einhalten. Auch die Reinigung der Betriebsräume ist ein wichtiger Bereich von HACCP. Es ist ein Verfahren zur Sicherung der Qualität der Lebensmittel. Ziel ist das Erfassen von Gesundheitsgefahren bei der Herstellung von Lebensmitteln, deren Lenkung bzw. Beherrschung und damit der Schutz der Kunden bzw. Gäste.

Für die Kontrolle aller betrieblichen Abläufe sind Pläne und Checklisten erforderlich.

#### Umsetzung am Beispiel von Tiefkühlhähnchenkeulen:

1. **Gefahrenanalyse durchführen:** Hierfür wird zunächst der genaue Ablauf für einen Arbeitsbereich beschrieben. Dann untersucht man diesen Ablauf auf mögliche Gesundheitsrisiken bzw. -gefahren für den Verbraucher. → *Zubereiten gegrillter Hähnchenkeulen in der Restaurantküche*

2. **Lenkungspunkte herausfinden:** Die möglicherweise gefährlichen Stellen im Ablauf werden als „Lenkungspunkte" festgelegt. Es sind die Stellen im Herstellungsablauf, die überwacht werden müssen, damit von ihnen keine Gefahr mehr ausgehen kann. → *TK-Temperatur bei Transport nicht eingehalten, dadurch erhöhte Salmonellenzahl bei den TK-Hähnchenkeulen*

   → *Temperatur der TK-Keulen bei der Anlieferung prüfen*

3. **Grenzwerte festlegen:** Die Lenkungspunkte werden nun so organisiert, dass im Voraus auszuschließen ist, dass die Gefahr eintritt. Es wird genau festgelegt, ab welchem Grenzwert die Gesundheitsgefahr besteht. → *Liegt Temperatur bei der Warenannahme der TK-Keulen über -18°C, wird die Ware abgewiesen.*

4. **Eine geeignete Überwachung** der festgelegten Grenzwerte muss gefunden werden, so dass es nachvollziehbar ist. → *Anlieferungstemperatur in der Checkliste zur Warenannahme eintragen*

5. **Nachprüfung/Korrekturmaßnahmen festlegen:** Eventuell reicht die Temperatur als Kriterium nicht aus und es müssen noch weitere Maßnahmen beschlossen werden. → *Kontrolle der Verpackung*

6. **Alle Abläufe und Maßnahmen** müssen genau dokumentiert werden, damit sie nachvollziehbar sind für die Lebensmittelüberwachung oder im Falle einer Beanstandung. → *Unterschrift auf der Checkliste der Warenannahme*

7. **Regelmäßige Schulungen und Fortbildung** aller Mitarbeiterinnen und Mitarbeiter, z. B. im Rahmen der jährlichen Hygieneschulung.

Mehr Informationen zum Thema HACCP findest du z. B. hier
https://www.youtube.com/watch?v=L-r0CFnURGA

**9.2** Lebensmittel, sicher? — Planen

> Celina ist sehr beeindruckt, gleichzeitig aber auch verwirrt aufgrund der vielen Informationen. Eine übersichtliche Darstellung würde ihr helfen.

**6** Übertrage die Vorgehensweise beim HACCP-Konzept in 7 Schritten auf eine Hackfleisch-Anlieferung in der Restaurantküche. Verbinde dafür die passenden Kästchen mit Pfeilen oder Linien. Viel Spaß!

|  |  |
|---|---|
| 1. Gesundheitsgefahren untersuchen. | A — Temperaturmessung bei jeder Anlieferung von Hackfleisch. |
| 2. Lenkungspunkt herausfinden. | B — Anlieferung: Ist das Hackfleisch frisch? |
| 3. Grenzwerte und Merkmale für die Überwachung festgelegen. | C — Hackfleisch wird optimal bei 4°C gelagert! |
| 4. Maßnahmen zur Überwachung festgelegen. | D — Steht die Temperaturkontrolle bei der Annahme von Hackfleisch auf der Checkliste im HACCP-Ordner? |
| 5. Maßnahmen zur Fehlerkorrektur festlegen. | E — Hackfleisch, das nicht frisch ist, kann mit Mikroorganismen belastet sein und die Gesundheit des Menschen schädigen. |
| 6. Einhaltung des Konzeptes durch Mitarbeiter überprüfen. | F — Sind alle Checklisten und Ablaufpläne im HACCP-Ordner gesammelt? |
| 7. HACCP-Konzept dokumentieren. | G — Ist die Temperatur höher als 4°C, darf das Hackfleisch nicht angenommen werden! |

© pixabay.com

Hier kannst du dein Ergebnis überprüfen.
1 B, 2 E, 3 C, 4 A, 5 G, 6 D, 7 F

9.2 Lebensmittel, sicher? — Planen

Annalena fällt ein, dass im Restaurant, in dem sie ihr Praktikum absolviert hat, sehr genau auf eine korrekte Warenannahme geachtet wurde. Der Küchenchef hat dazu immer eine Checkliste verwendet, die er danach in einem HACCP-Ordner abgeheftet hat.

**7** Lies den Informationstext durch. Notiere dann im rechten Kasten die wichtigen Lenkungspunkte für die Warenannahme.

### Warenannahme

Man nimmt die Waren in Gegenwart des Lieferanten an und benötigt *Bestellschein* und *Lieferschein*. Den Lieferschein bringt der Lieferant mit, der Bestellschein befindet sich im Betrieb. Der Lieferschein ist ein Dokument, das über die gelieferten Waren Auskunft gibt. Er enthält Angaben über Name und Anschrift des Lieferanten, Anschrift des beleiferten Betriebs, Datum der Lieferung und Art und Menge der gelieferten Waren.

Zuerst vergleicht man die Angaben auf dem Bestellschein mit den Angaben auf dem Lieferschein. Danach vergleicht man die gelieferten Waren mit den Angaben auf dem Lieferschein. Zu überprüfen sind neben Art und die Menge der gelieferten Ware, die richtige Verpackungseinheit, die Qualität sowie die Unversehrtheit der Ware. Gekühlte Lebensmittel, wie Fleisch, Fleischzubereitungen, Geflügelfleisch, Hackfleisch, Fisch oder Meeresfrüchte, müssen per Thermometer auf die Einhaltung der vorgegebenen Höchsttemperaturen geprüft werden. Verpackte Lebensmittel müssen eine unbeschädigte Verpackung und ein ausreichendes Mindesthaltbarkeitsdatum bzw. Verbrauchsdatum (für sehr leicht verderbliche Lebensmittel, wie Hackfleisch) aufweisen. Außerdem ist auf die Sauberkeit der Ware, des Lieferanten und des Inneren des Lieferfahrzeuges zu achten. Gibt es Hinweise auf Schädlinge oder den Befall der Lebensmittel mit Mikroorganismen?

Nach Annahme und Kontrolle der Ware wird der Lieferschein unterschrieben.

Im Betrieb liegen für die Durchführung der Warenannahme Checklisten vor, die sehr gründlich und sorgfältig bearbeitet werden müssen. Sie werden im HACCP-Ordner aufbewahrt.

**Wichtige Lenkungspunkte der Warenannahme:**

## 9.2 Lebensmittel, sicher? — Planen

Celina hat während des Praktikums einige fehlerhafte Lieferungen von Rohstoffen erlebt. Nicht alle waren im Sinne von HACCP gefährlich, nicht alle wurden auch direkt bei Warenannahme erkannt, dennoch nahm die Chefin alle Fehler wichtig.

**8** Lies den Informationstext zu „Mängeln" durch. Schau dir danach die folgenden Fallbeispiele an und entscheide, ob es sich hierbei um versteckte oder offene Mängel handelt. Begründe deine Entscheidung.

### Mängel

Mängel sind Fehler. *Offene* Mängel sieht man sofort, also bei der Warenannahme, z. B.: eine falsche Menge oder ein abgelaufenes MHD. Offene Mängel lässt man sich sofort vom Lieferanten auf dem Lieferschein bestätigen. Somit kann man die Mängel reklamieren bzw. die Annahme der Ware verweigern.

*Versteckte* Mängel sieht man erst später, z. B. beim Öffnen der Umverpackung: falsche Konfitüre in Portionspackungen oder falsche Serviettenfarben.

Entdeckt man einen versteckten Mangel, muss er sofort beim Lieferanten reklamiert werden.

| Beispiele: | Versteckter oder offener Mangel? | Begründung: |
|---|---|---|
| In der Verpackung sind die unteren Erdbeeren verschimmelt. | | |
| Es wurde eine Kiste Weißwein anstelle von Rotwein geliefert. | | |
| In der Verpackung der Hefe befindet sich ein Loch. | | |
| Das MHD eines Kartons H-Milch ist abgelaufen. | | |
| Es wurden 100 Servietten bestellt, aber nur 80 geliefert. | | |
| In einer Weinkiste ist eine Weinflasche zerbrochen. | | |
| Der Betrieb hat Champagner bestellt, erhält mit der Lieferung jedoch Sekt. | | |

| 9.2 | Lebensmittel, sicher? | Planen |  |

Mika erzählt Annalena und Celina, dass er im Supermarkt ein Plakat einer Rückrufaktion von Sahnejoghurt entdeckt hat. Der Hersteller warnt, dass eine Charge des Joghurts vorzeitig verderben könne, was nach dem Verzehr zu gesundheitlicher Beeinträchtigung führen kann.

Celina, Annalena und Mika finden, dass es gut zu ihrem derzeitigen Thema passt und wollen der Sache nachgehen. Sie recherchieren dazu im Internet.

**9** Lies den Text, finde auf den Beispielpackungen die Chargenkennzeichnung heraus und notiere sie im unteren Kasten.

Um im Falle eines Risikos, Lebensmittel, die bereits aufgeliefert oder sogar schon verkauft wurden, wiederzufinden, benötigt jedes Lebensmittel eine ihm eigene *Kennzeichnung*. Sie ist vergleichbar mit einer Personalausweisnummer.

Die Kennzeichnung enthält Informationen darüber, welcher Hersteller das Lebensmittel hergestellt hat und an welchem Datum, manchmal sogar zu welcher Uhrzeit, dieses hergestellt wurde. Eine Packung Milch wurde z. B. von der Molkerei ABC am Tag X zu der Uhrzeit Y abgefüllt.

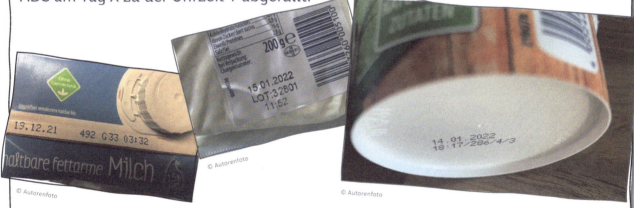
© Autorenfoto

Stehen diese Packungen nun im Regal des Lebensmittelhandels, kann man anhand dieser Kennzeichen genau nachvollziehen, welche Milch z. B. hier abgefüllt wurde von welchem Hersteller.

Stellt sich nach einiger Zeit heraus, dass das Lebensmittel mangelhafte Qualität aufweist, z. B. mit gesundheitsschädlichen Bakterien belastet ist, kann der Hersteller anhand der Kennzeichnung diese Milch erkennen und zurückrufen. Eine solche Kennzeichnung bezeichnet man als Chargenkennzeichnung, die Nummernfolge auch als Los-Nummer oder englisch „Lot".

*Schau dir dazu auch folgende Internetseite zu Rückrufaktionen an: www.lebensmittelwarnung.de.*

Chargenkennzeichnung:

| 9.2 | Lebensmittel, sicher? | Entscheiden & Durchführen |  |

Celina, Annalena und Mika möchten ihre Ergebnisse zum Thema Lebensmittelsicherheit mithilfe einer Mindmap zusammenfassen. Diese soll als Plakat im Klassenraum aufgehängt werden.

**10** Entscheidet im Klassenverband über die Aufteilung des Plakates für eure gemeinsame Mindmap. Legt <mark>Farben</mark> für die unterschiedlichen Bereiche fest und entscheidet über weitere Gestaltungsmöglichkeiten, wie z. B. Bilder etc.

**Notizen** zur Mindmap:

Prima! Die Entscheidungen sind getroffen. Nun kann es losgehen!

**11** Erstellt gemeinsam die Mindmap über Lebensmittelsicherheit. Fertigt hier zunächst eine Skizze an.

Ihr könnt auch eine Skizze anfertigen, die als Kopie hier eingeklebt wird.

# 9.2 Lebensmittel, sicher? — Kontrollieren & Bewerten

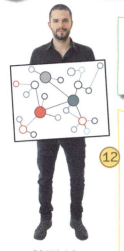

Du hast Mika, Celina und Annalena sehr unterstützt bei der Gestaltung der Mindmap zur Lebensmittelsicherheit. Nun ist die Übersicht fertig und zur Veröffentlichung bereit.

**12** Hängt die Mindmap in eurem Klassenraum auf und schaut euch das Ergebnis in Ruhe an.

Danach startet ihr eine Blitzlicht-Runde:

Jetzt darf jeder aus der Klasse einen Satz zum Arbeitsergebnis sagen.
Ihr dürft z. B. eure Zustimmung ausdrücken, kritisieren oder spontane Ergänzungen machen.

Beispiel: „Ich finde es gut, dass groß und leserlich geschrieben wurde."

> Es spricht immer nur einer, der Rest hört zu. Diskutieren könnt ihr im Anschluss.

Notiere dir hier für dich besonders wertvolle Hinweise aus dem Blitzlicht:

**13** Bewerte deinen Lernerfolg mithilfe dieser Zielscheibe.

Je näher du deine Kreuze in der Mitte der Zielscheibe setzt, umso zufriedener bist du mit deinem Lernerfolg, mit der Zusammenarbeit mit deinen Teampartnern und mit deinem Ergebnis, heißt, mit deiner Übersichtslandkarte.

> Bist du zufrieden mit deinem Lernerfolg?

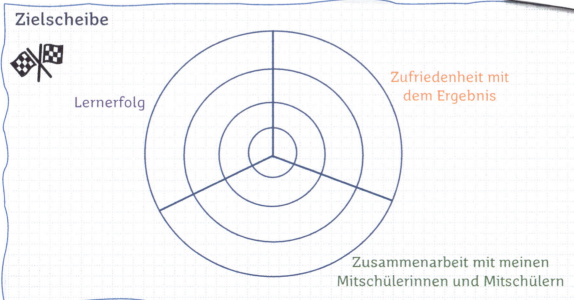

227

## Lernfeld 9: Gewährleistung von Lebensmittelsicherheit und Einhaltung rechtlicher Bestimmungen

Lernaufgabe 9.3: Alles klar geregelt?!

Ich kann ...

... allergene Stoffe in Zutatenlisten erkennen.

... begründen, ob Preisangaben richtig gemacht wurden.

... die Zusammensetzung von Lebensmitteln anhand der Leitsätze auf ihre Korrektheit überprüfen.

... ein Lapbook mit zusammenfassenden Informationen erstellen.

... die Grundpfeiler des LFGB beschreiben.

... die LMIV, die PAngV und das Lebensmittelbuch des LFGB benennen und deren Aufgaben beschreiben.

Zeitumfang: 8 Unterrichtsstunden

## 9.3 Alles klar geregelt?! — Informieren

Celina ist völlig fertig.

Sie hatte ständig Bauchschmerzen und ihr war übel. Jetzt hat ihr Arzt bei ihr eine Laktoseintoleranz festgestellt. Sie muss nun genau aufpassen, was sie isst. Celina fühlt sich ein wenig überfordert und hat wahnsinnig viele Fragen.

Wie soll sie nur herausfinden, was in den Lebensmitteln drin ist? Darf sie ihre Lieblingsspeisen noch bedenkenlos genießen? Geht es anderen genauso? Wie machen die das? Kann sie noch in ein Restaurant essen gehen?

Celina ist sich aber sicher, dass es dazu in Deutschland Gesetze gibt, die diese Informationen regeln. In den letzten Wochen hat sie in der Schule auch schon viele Infos zur Lebensmittelsicherheit und -kontrolle erhalten. Das möchte Celina genauer erfahren und macht sich auf die Suche in Supermarkt, Restaurant und in ihrem ehemaligen Praktikumsbetrieb, der Bäckerei.

Celina erinnert sich, dass die Kollegin in der Bäckerei eine Kundin bediente, die auch von einer Laktoseintoleranz berichtete. Die Kollegin war sehr gefordert mit der Beratung. Daher beschließt Celina ein Lapbook zu erstellen und dies den Kolleginnen im ehemaligen Praktikumsbetrieb zur Verfügung zu stellen.

© imphilip – stock.adobe.com

**1** Analysiere die beschriebene Situation aus der Perspektive von Celina.

**2** Notiere weitere Dinge, die für dich interessant sein könnten.

9.3 Alles klar geregelt?! Planen

Celina möchte mit der Suche zu ihrer Laktoseintoleranz anfangen. Dazu schaut sie sich zunächst in ihrem Küchenschrank und im Kühlschrank um.

③ Schau dir die Zutatenlisten der Produkte an, die Celina in ihren Schränken gefunden hat.

Notiere, was dir besonders auffällt (gibt es Ähnlichkeiten, Unterschiede, Besonderheiten).

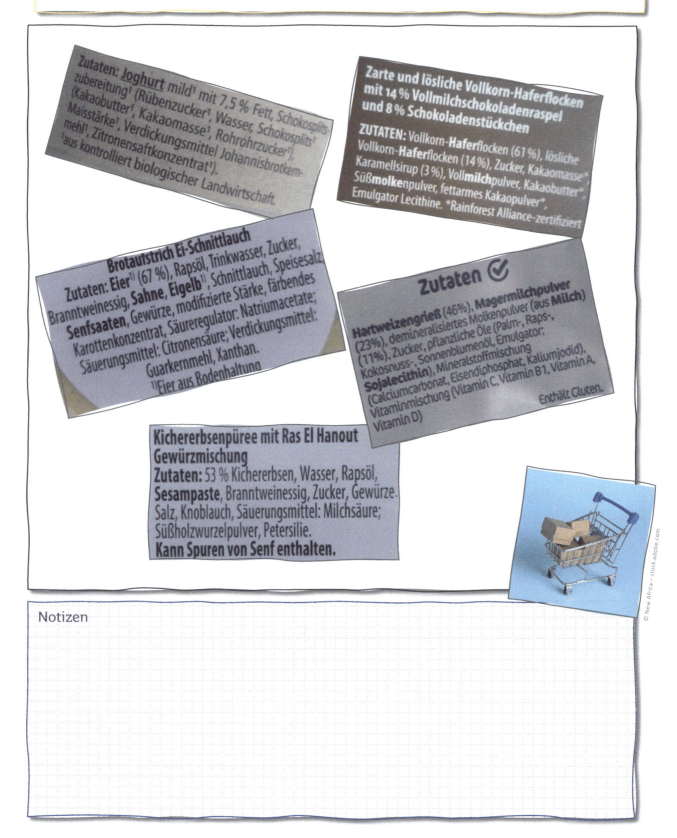

Notizen

| 9.3 | Alles klar geregelt?! | Planen |

Celina ist aufgefallen, dass manche Zutaten **fett** gedruckt sind. Sie fragt sich, was das wohl zu bedeuten hat?

④ Hilf Celina.

1) Finde mithilfe des folgenden Links heraus, um welche Zutaten es sich bei den allergenen Zutaten handelt und erstelle eine Liste.

2) Schau noch einmal genau in die Zutatenlisten von Celinas Lebensmitteln. Bestimme, welche Begriffe in der Liste Celina beachten muss, um trotz ihrer Laktoseintoleranz keine Bauchschmerzen zu bekommen.

Es liegen auch Bücher aus, die du für deine Recherche verwenden kannst.

www.bmel.de
Stichwort: Allergene

Liste:

Celina muss bei verpackten Lebensmitteln aufpassen auf:

Bei den Produkten aus dem Supermarkt ist Celina sich jetzt sicher. Aber was ist im Restaurant oder in der Bäckerei?

⑤ Hilf Celina herauszufinden, wie die allergenen Zutaten im Restaurant oder der Bäckerei gekennzeichnet werden. Gehe dazu in euren Kiosk oder befrage die Fachpraxislehrer.

Allergenkennzeichnung im Restaurant oder in der Bäckerei, also bei unverpackten, losen Lebensmitteln:

| 9.3 | Alles klar geregelt?! | | Planen |  |

Bei ihrem nächsten Besuch im Supermarkt konnte Celina ihre Lebensmittel bereits besser auswählen. Beim Vergleichen der Preise für Joghurt ist ihr aufgefallen, dass das gar nicht so leicht ist. Ob es da auch Regeln gibt?

**6** Celina hat folgende Preisschilder (grüne Kästchen) entdeckt.
Vergleiche beide. Worauf beziehen sich die Preisangaben?
Forsche nach, welche Regelungen es zur Preisangabe bei Lebensmitteln gibt.
Beantworte die Fragen im unteren blauen Kasten.

https://www.anwalt.de/gesetze/pangv

*Nutze den PC im Klassenraum oder geht in einen EDV Saal.*

| Erdbeer-Joghurt | | Erdbeer-Joghurt | |
|---|---|---|---|
| 150 ml | 0,89 € | 500 g | 1,65 € |
| 100 ml | 0,59 € | 3,30 € | 1 kg |

Welche Lebensmittel müssen mit Preisen ausgezeichnet werden?

Wie heißt das Gesetz, in dem das geregelt ist?

Was besagt die PAngV zur Angabe des Grundpreises?

Sind die beiden Preisschilder oben korrekt?   Ja ☐   Nein ☐
Wenn nein, korrigiere mit roter Farbe.

| 9.3 | Alles klar geregelt?! | | Planen |  |

Celina geht mit einer Freundin in ein Restaurant essen. Sie bestellt ein Wiener Schnitzel und ist verwirrt, dass sie anstatt des erwarteten Kalbsschnitzels ein Schweineschnitzel serviert bekommt. Aus der Bäckerei weiß sie, dass es bestimmte Vorgaben für die Verwendung von Lebensmitteln gibt. Hilf Celina herauszufinden, welche Anforderungen an Lebensmittel gestellt werden, damit jeder Kunde weiß, was er kauft bzw. bestellt.

**7** Folge den QR-Codes oder besuche die angegebenen Websites. Schau dir das dort hinterlegte Video an. Halte hier dann kurz fest,
  (1) womit sich das Deutsche Lebensmittelbuch beschäftigt und
  (2) was man unter den Leitsätzen versteht und
  (3) zu welchen Produktgruppen es Leitsätze gibt.

https://www.bav-institut.de/de/news/Was-sind-die-Leitsaetze-des-deutschen-Lebensmittelbuchs

https://www.deutsche-lebensmittelbuch-kommission.de/

*Leitsätze findet man in §15 des Deutschen Lebensmittelbuchs im LFGB (Lebensmittel- und Futtermittelgesetzbuch).*

Notizen:

Leitsätze für:
- 
- 
- 

*Alle Leitsätze findest du auch auf der Website des Bundesministeriums für Ernährung und Landwirtschaft. www.bmel.de*

**8** Überprüfe und korrigiere die Produktbeschreibungen auf der folgenden Seite anhand der Leitsätze (s. Anhang) auf ihre Richtigkeit.

## 9.3 Alles klar geregelt?! — Planen

*Klebe hier die passenden Leitsätze aus dem Anhang auf und markiere falsche Stellen farbig.*

**Marmorkuchen:**
Kastenform, helle Masse, Überzug mit Fettglasur

**Butterkuchen:**
Hefeteig gefüllt mit 25 % Butter.

**Roggenbrot:**
Brot aus Weizenmehl mit einem geringen Anteil an Roggenmehl.

**Vollkornbrot:**
Helles Weizenbrot mit Zusatz von Saaten z. B. Sesam, Kürbiskernen, Sonnenblumenkernen.

**Sachertorte:**
Schokoladenhaltige Sachermasse; gefüllt mit Kirschkonfitüre, überzogen mit Schokofondant

**Schnitzel Wiener Art:**
Paniertes Schweinschnitzel

**Orangennektar:**
Fruchtsaftgehalt 30 %

**Erdbeereis:**
Enthält mind. 20 % Früchte

## 9.3 Alles klar geregelt?! — Planen

Celina hat bereits sehr viele Informationen zusammengetragen. Bei den vielen Regelungen und Abkürzungen ist sie sich aber noch sehr unsicher. Im Internet hat sie folgendes Schema gefunden.

**9** Schau dir das Schema ganz genau an. Fasse die dargestellten Informationen auf der nächsten Seite in kurzen Sätzen zusammen. Dir fehlen Infos? Schau im Internet oder in Fachbüchern nach.

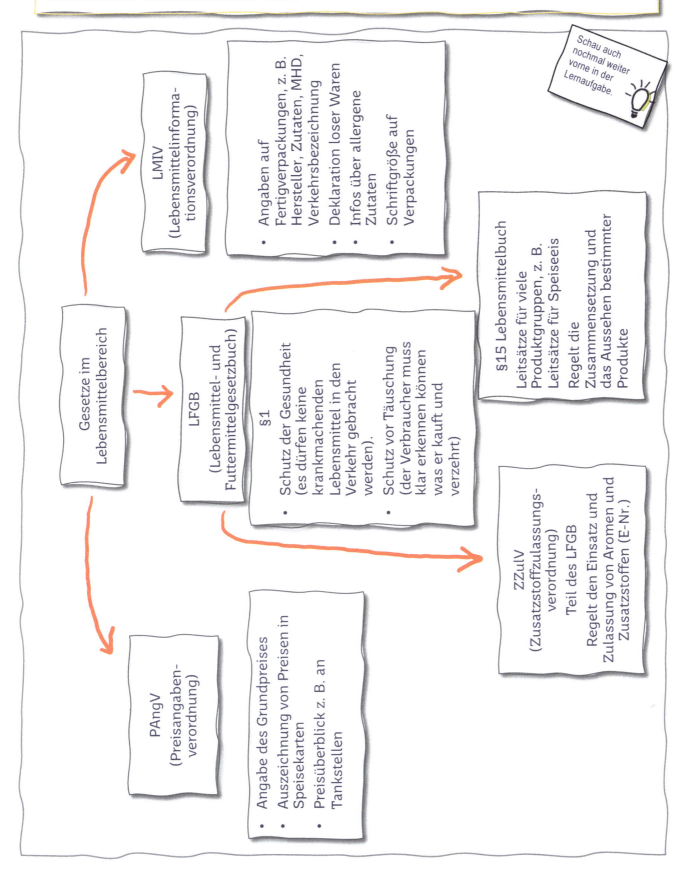

| 9.3 | Alles klar geregelt?! | Entscheiden & Durchführen |  |

Celina hat mit deiner Hilfe alle Informationen zusammengetragen und fühlt sich jetzt sicher im Umgang mit der Kennzeichnung von Lebensmitteln. Sie wird jetzt ein Lapbook erstellen, um ihre Mitschülerinnen und Mitschüler zu informieren.

**10** Hilf Celina bei der Gestaltung des Lapbooks. Entscheide dich für verschiedene Minibooks und wähle aus, wie du die Informationen zu PAngV, LMIV, Leitsätzen und den Aufgaben des LFGB festhalten möchtest. Mach dir Notizen.

Inhalte:

Welches Minibook?

Bilder?

**11** Du hast alle Infos zusammengestellt? Toll! Dann erstelle jetzt dein Lapbook.

Zur Kontrolle: Ist es...
übersichtlich?
bebildert?
klar formuliert?

Du weißt nicht mehr weiter? Im Ordner im Klassenraum findest du Ideen für Minibooks und deren Faltanleitungen. Schau auch noch mal in LA 3.4.

# 9.3 Alles klar geregelt?! — Kontrollieren & Bewerten

Celina hat ihr Lapbook erstellt und in der Schule präsentiert. Alle waren von den spannenden Infos begeistert.

**12** Hänge dein Lapbook im Klassenraum aus. Lass dir von zwei Mitschülerinnen oder Mitschülern ein Feedback geben. Gib auch du Rückmeldungen zu zwei Lapbooks.

Diese Rückmeldung habe ich für mein Lapbook bekommen:

| | informativ: | verständlich: | dekorativ: |
|---|---|---|---|
| Person A |  |  |  |
| Person B |  |  |  |

**13** Hier hast du noch die Möglichkeit, deinen aktuellen Lernstand zu bewerten. Male dazu die Finger in der entsprechenden Farbe an. Dabei gilt:
**Grün**: Diese Inhalte habe ich sehr gut verstanden.
**Gelb**: Diese Inhalte habe ich verstanden.
**Rot**: Diese Inhalte habe ich nicht verstanden.

Ich kann:

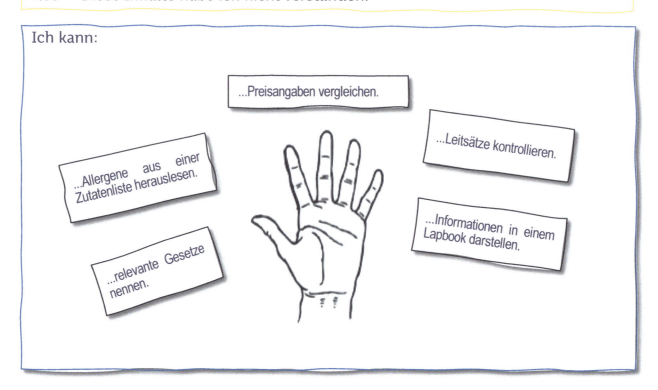

...Preisangaben vergleichen.
...Leitsätze kontrollieren.
...Allergene aus einer Zutatenliste herauslesen.
...Informationen in einem Lapbook darstellen.
...relevante Gesetze nennen.

## 9.3 Alles klar geregelt?! — Anhang

*Dieses Blatt kann deine Lehrerin für dich kopieren.*

Marmorkuchen werden aus heller und zu mind. 33,3 % aus dunkler Sand- oder Rührmasse hergestellt. Die dunkle Masse enthält mind. 3 % Kakao oder stark entölten Kakao.

Butterkuchen ist ein Hefekuchen, der im Teig und in der Auflage nur Butter als Fett enthält. Der Butteranteil beträgt mind. 30 %.

Roggenbrot enthält mindestens 90 % Roggenmehl.

Vollkornbrot besteht zu mind. 90 % aus Roggen- oder Weizenvollkorn in beliebigem Verhältnis.

Sachertorte ist eine Schokoladentorte aus Sachermasse, gefüllt mit einer Fruchtfüllung mit einem mind. 45 % betragenden Aprikosenanteil, überzogen mit Kuvertüre oder Kakao-Zuckerglasur. Fettglasur ist nicht erlaubt.

Wiener Schnitzel ist ein paniertes Kalbsschnitzel. Die Bezeichnung Schnitzel Wiener Art oder Wiener Schnitzel mit Schweinefleisch ist zulässig.

Fruchtsaft aus Fruchtsaftkonzentrat bzw. Direktsaft bestehen zu 100 % aus Fruchtsaft.

Fruchtnektar besteht aus 25-50 % Fruchtsaft und max. 20 % Zucker.

Fruchtsaftgetränke enthalten 6-30 % Fruchtsaft je nach Fruchtart.

Fruchteis enthält mind. 20 % Früchte. Bei Zitrusfrüchten und anderen Früchten mit einem Fruchtsäuregehalt von 2,5 % beträgt der Fruchtanteil mind. 10 %.

**Lernfeld 10:** Marktorientierte, ökonomische und anlassbezogene Planung von berufstypischen Veranstaltungen

**LF10 Projekt:** Wir planen einen Pausenverkauf

Ich kann ...

... das Zusammenspiel von Angebot und Nachfrage auf dem Markt beobachten und erklären.

... unterschiedliche Kaufmotive beschreiben.

... Maßnahmen der primären Marktanalysen beschreiben und anwenden.

... Wettbewerbsvorteile, wie z. B. Standortfrage, Preisgestaltung, Serviceleistungen oder Produktangebot, begründen.

... passende Werbemittel erstellen.

Zeitumfang: 20 Unterrichtsstunden

LF 10 | Wir planen einen Pausenverkauf | Informieren

Zum Abschluss der BFS Fachstufe II steht ein Projekt an. Annalena und Celina bekommen beim Einkauf am Schulkiosk die Idee, einen eigenen Pausenverkauf zu gestalten. Sie haben in den letzten beiden Jahren so viel Spannendes und Neues gelernt.

Mit Unterstützung ihrer Mitschülerinnen und Mitschüler trauen sie sich daher zu, mit dem Kiosk in Wettbewerb zu treten.

Nach Rücksprache mit ihrer Lehrerin und der Klasse, planen sie nun ihre Idee umzusetzen und im Foyer der Schule einen Pausenverkauf als Alternative zum Kiosk durchzuführen.

Die Schülerinnen und Schüler starten mit einem Brainstorming, um ihre Ideen zu sammeln. Zunächst wollen sie sich einen Überblick über das Produktsortiment des Kiosks und das dortige Kaufverhalten verschaffen. Sie beschließen, dies während der Pausen am Schulkiosk zu beobachten. Um die Beobachtungen zu ergänzen und mögliche Kaufmotive zu erkennen, verschaffen sie sich ein Meinungsbild innerhalb der Klasse und interviewen einige Personen auf dem Schulhof.

Die Klasse stellt fest, dass es ein sehr interessantes Projekt wird. Da die Schülerinnen und Schüler allerdings in der großen Gruppe nicht so zielführend arbeiten können, wie sie es aus den Gruppenarbeiten gewohnt sind, beschließen sie Teams zu bilden. Hierfür schlägt die Lehrerin vor, dass sie einen Arbeitsablaufplan erstellen, bei dem die Tätigkeiten und Zuständigkeiten der Teams sowie ein Zeitrahmen festgelegt werden.

Ausgehend von ihren Beobachtungen planen sie im Anschluss das Produktsortiment, eine angemessene Verpackung und bestimmen die Verkaufspreise für den Pausenverkauf. Außerdem erstellen sie eine Angebotskarte, wobei sie natürlich die Allergene nach den rechtlichen Vorgaben kennzeichnen und die Verkaufspreise korrekt angeben.

Um den anstehenden Pausenverkauf in der Schule zu bewerben, erstellen die Schülerinnen und Schüler der Klasse ein Werbemittel. Unter anderem nennen sie darin Wettbewerbsvorteile, die sie vom Kiosk abheben.

Notizen:

Besprich dich mit deiner Banknachbarin oder deinem Banknachbarn.

① Analysiere den Arbeitsauftrag. Notiere Fragen oder Ideen, die dir nach dem Lesen direkt einfallen.

**LF 10** — Wir planen einen Pausenverkauf — Informieren

**2** Startet in der Klasse eine Kartenabfrage zur Gestaltung eures Projekts. Sortiert die Karten übersichtlich an der Tafel. Beachtet dabei die Projektbeschreibung im Szenario. Übertrage anschließend die Übersicht in den unteren Kasten.

*Eure Lehrerin stellt euch Karten für die Abfrage zur Verfügung.*

*Mögliche Leitfragen für eure Kartenabfrage:*
- *Welches Ziel verfolgen wir?*
- *Was benötigen wir zur Erreichung unseres Ziels?*
- *Brauchen wir einen Zeitplan?*
- *…*

| LF 10 | Wir planen einen Pausenverkauf | Planen |

③ Erstellt hier euren Projektplan. Legt fest, wer sich um welche Themenbereiche kümmert und wann diese zu erledigen sind.

*So könnte euer Projektplan aussehen.*

| Schritte im Projekt | Zuständigkeit | Zeit | erledigt |
|---|---|---|---|
| 1. Kartenabfrage | alle | 45 Minuten | ✓ |
| 2. Beobachtung am Kiosk | | | |
| 3. Kundenbefragungen | | | |
| 4. Speisen-, Getränkeauswahl | | | |
| 5. | | | |
| 6. | | | |
| 7. | | | |
| 8. | | | |
| 9. | | | |
| 10. | | | |
| | | | |
| | | | |
| | | | |

**LF 10** | Wir planen einen Pausenverkauf | Planen

Die Klasse von Annalena und Celina hat jetzt eine Vorstellung von der Ablaufplanung für ihr Projekt, den Pausenverkauf. Nun geht es an die Vorbereitung.

**4** Startet mit der Beobachtung am Kiosk starten. Legt zunächst fest, welche Informationen hierfür relevant sind.

> Nutzt zum Beispiel die Angebotskarte des Kiosks, um die Verkaufszahlen bestimmter Produkte zu beobachten.

| Beobachtung | Anzahl Kunden 1. Pause | Anzahl Kunden 2. Pause |
|---|---|---|
| | | |
| | | |
| | | |
| | | |
| | | |
| | | |
| | | |
| | | |

**5** Erstellt nun eine Liste mit relevanten Fragen zu den Wünschen und Anregungen der Kunden für euer Interview.

> Denkt unbedingt an die Frage nach dem Kaufmotiv des Kunden. Wenn ihr euch unsicher seid, schaut euch im Anhang, S. 251, mögliche Kaufmotive an.

1. Welche Produkte wünschst du dir für die Pause?
2. Würdest du gerne einen vegetarischen Snack kaufen?
3. ...

LF 10 | Wir planen einen Pausenverkauf | Planen

**Unser Team:**

**6** Bildet Zweierteams und führt eure Beobachtungen und Interviews durch,

(1) in mind. zwei Pausen,

(2) in eurer Klasse,

(3) in einer fremden Klasse.

Wertet eure Befragungen und Beobachtungen aus. Vergleicht hierfür eure Ergebnisse mit zwei anderen Teams. Einigt euch danach auf <u>fünf</u> gemeinsame Kriterien für euren Kiosk.

> Zur Erinnerung:
> Euer Ziel ist es, herauszufinden welche Wünsche und Motive eure zukünftigen Kunden haben, um sie so für euren Pausenverkauf zu gewinnen.

**LF 10** | Wir planen einen Pausenverkauf | Planen

Annalena und Celina sind stolz auf ihre bisherigen Ergebnisse. Das Projekt ist aber noch nicht abgeschlossen. Ausgehend von ihren Beobachtungen planen sie nun ihr Produktsortiment und bestimmen die Verkaufspreise.

**7** Wählt nun <u>vier</u> Speisen und <u>ein</u> Getränk für euren Pausenverkauf aus. Berücksichtigt dabei die Ergebnisse eurer Interviews und Beobachtungen.

Wir benötigen zwei Snacks, mindestens eine vegetarische Speise und eine frei wählbare Speise (z. B. Salat, Wrap, usw.) sowie ein heißes oder kaltes Getränk. Wählt darüber hinaus jeweils eine geeignete Verpackung zum Mitnehmen (to go) der Produkte aus. Ein Beispiel findest du im Hinweiskästchen.

Bestimmt für eure Produkte nun einen angemessenen Verkaufspreis. Recherchiert diesen im Internet oder findet ihn z. B. bei eurer Lieblingsbäckerei heraus.

**Belegtes Käsesandwich**
- 2 Scheiben Roggenmischbrot
- bestrichen mit Butter
- belegt mit zwei Scheiben Käse
- dekoriert mit einem Salatblatt, zwei Scheiben Salatgurke und einer Scheibe hart gekochtem Ei
- eingewickelt in einer Serviette
- verpackt in einer Papiertüte

*Stück 3,20 €*

\* enthält: Glutenhaltige Produkte, Milchprodukte, eihaltige Produkte

| LF 10 | Wir planen einen Pausenverkauf | | Planen |  |

**8** Veröffentlicht eure Speisen- bzw. Getränkevorschläge in der Klasse. Entscheidet euch durch Abstimmung (z. B. Klebepunkte) für <u>sechs</u> Speisen und <u>zwei</u> Getränke. Übertrage eure Auswahl in den blauen Kasten.

**9** Arbeite ab jetzt alleine weiter.
Gestalte auf der nächsten Seite deine Angebotskarte für den Pausenverkauf.
Berücksichtige dabei die Kennzeichnung der Allergene.
Sei kreativ.

*Schau dir für die Allergenkennzeichnung nochmal die LA 9.3 an.*

LF 10 — Wir planen einen Pausenverkauf — Planen

**LF 10** — Wir planen einen Pausenverkauf

Planen, Entscheiden & Durchführen

Um die Kunden über den anstehenden Pausenverkauf in der Schule zu informieren und sie dafür zu interessieren, nehmen sich Annalena und Celina vor, ein passendes, attraktives Werbemittel zu erstellen. Die Wettbewerbsvorteile, die sie vom Kiosk abheben, wollen sie hier besonders herausstellen.

**10** Diskutiert im Klassenverband mögliche Wettbewerbsvorteile eures Pausenverkaufs gegenüber dem Kiosk. Hier dürft ihr wieder kreativ werden. Notiert diejenigen, die euch am besten gefallen.

*Wenn du Hilfe benötigst, schau dir im Anhang, S. 252, mögliche Wettbewerbsvorteile an.*

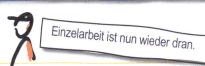

*Einzelarbeit ist nun wieder dran.*

**11** Wähle ein passendes und attraktives Werbemittel aus, um für den Pausenverkauf an der Schule zu werben. Notiere deine Ideen.

**12** Erstelle ein attraktives Werbemittel für den Pausenverkauf. Berücksichtige alle relevanten Informationen.

*Bastelmaterialien liegen in der Klasse aus.*

**LF 10** — Wir planen einen Pausenverkauf — Kontrollieren & Bewerten

Annalena und Celina sowie alle anderen in der Klasse sind stolz auf ihre Leistungen der letzten Stunden und ihre damit abgeschlossene Planung des Pausenverkaufs. Ihnen wird bewusst, dass sie nun ein letztes Mal im Klassenverband der BFS Gastronomie und Nahrung Arbeitsprodukte erstellt haben.

⑬ Legt alle Angebotskarten und Werbemittel in der Klasse auf Plakatpapier aus. Startet danach einen Rundgang.
Schreibe dort, wo du Rückmeldung geben willst, auf das Plakatpapier dein kurzes Feedback zu den ausgelegten Arbeitsprodukten. Schreibe deinen Namen zu deinem Feedback, wenn du es willst.

⑭ Wie zufrieden bist du mit dem Projekt „*Wir planen einen Pausenverkauf*"?
Schreibe ein paar Sätze dazu auf.
Das war super, weil …
Mir ist aufgefallen, dass …
Mir hat nicht gefallen, dass …
Ich nehme mit, dass …
Zu kurz gekommen ist mir, dass …

Verwende die vorgegebenen Satzanfänge oder formuliere eigene …

Annalena und Celina tragen mögliche Kaufmotive zusammen.

**Preis**: Der Kunde ist motiviert, Geld zu sparen.

**Qualität**: Der Kunde ist motiviert, besonders hochwertige Waren zu erhalten.

**Sympathie**: Der Kunde ist motiviert, weil er das Verkaufspersonal so sympathisch findet.

**Geschmack**: Der Kunde ist motiviert wegen des besonders guten Geschmacks.

**Nachahmung**: Der Kunde möchte anderen in nichts nachstehen bzw. dem Trend folgen.

Zeitersparnis

**Gesundheitsbewusstsein**: Der Kunde ist motiviert, besonders gesund zu essen.

**Abwechslung**: Der Kunde ist motiviert, mehrere Produkte kennenzulernen.

**Neugier**: Der Kunde ist motiviert neue Dinge auszuprobieren.

LF 10 | Wir planen einen Pausenverkauf | Anhang

Annalena und Celina recherchieren mögliche Wettbewerbsvorteile.

**Preis**

**Standort**
Verkaufsfördernd, wenn möglichst viele Kunden hierdurch erreicht werden.

**Regionale und saisonale Ware**
Ist nachhaltig, gesund und unter Umständen günstiger, da z. B. weite Transportwege entfallen.

**Ambiente**
Kunden werden durch die Einrichtung/Ausstattung besonders angesprochen, ob modern oder traditionell

**Beratung**
Der Kunde fühlt sich gut und kompetent beraten.

**Sortimentsvielfalt**

**Zielgruppenorientierung**
Der Kunde fühlt sich angesprochen, er ist unter gleich gesinnten Menschen.

**Trendsetter**
Es werden internationale und aktuelle, am Trend ausgerichtete Speisen, angeboten. Besondere Kostformen werden berücksichtigt.

**Produktfrische**
Der Kunde ist sich sicher, hier frische und qualitativ hochwertige Zutaten zu erhalten.

**Zusatzstoffarme Zutaten**
Es werden keine unnötigen Zusatzstoffe verwendet.

**Warenpräsentation**
Waren werden ansprechend, appetitlich und übersichtlich angeboten.

In Lernfeld 9 habe ich Lernaufgaben zur Gewährleistung von LM-Sicherheit und der Einhaltung rechtlicher Bestimmungen bearbeitet.

In Lernfeld 10 habe ich ein Projekt zur marktorientierten, ökonomischen und anlassbezogenen Planung einer berufstypischen Veranstaltung durchgeführt.